EL
PAN
Y SU IDENTIDAD
POLÍTICA

Fernando Rodríguez Doval

T0307561

PANORAMA

ensayos

Respete el derecho de autor.
No fotocopie esta obra.

CeMPro

Centro Mexicano de Protección y Fomento
a los Derechos de Autor
Sociedad de Gestión Colectiva

Las opiniones expresadas
en los textos son responsabilidad
de los autores y no representan
necesariamente la ideología
de la editorial.

El PAN y su identidad política
Fernando Rodríguez Doval

Primera edición: Producciones Sin Sentido Común, 2017

D. R. © 2017, Producciones Sin Sentido Común, S.A. de C.V.
    Avenida Revolución número 1181, piso 7,
    colonia Merced Gómez,
    03930, Ciudad de México

Teléfono: 55 54 70 30
e-mail: ventas@panoramaed.com.mx
www.panoramaed.com.mx

Texto © Fernando Rodríguez Doval
Fotografía de portada © © Wong Salam,
usada para la licencia de Shutterstock.com

ISBN: 978-607-8469-46-8

Impreso en México

Prohibida su reproducción por cualquier medio
mecánico o electrónico sin la autorización escrita
del editor o titular de los derechos.

A los jóvenes de Acción Nacional.
A Claudio Jones.

En la persona individual y en las organizaciones humanas, la conciencia del fin es elemento esencial de la propia identidad. Saber de dónde venimos, hacia dónde vamos y cuál es el camino, es condición indispensable para poder contestar quiénes somos.

Efraín González Morfín

La identidad es la capacidad que un grupo humano tiene para, a partir de unos principios que no cambian, dar respuestas nuevas e innovadoras a una realidad que sí lo hace.

Carlos Castillo Peraza

Índice

Presentación

¿Cuál es la identidad política del Partido Acción Nacional (PAN)? ¿Qué doctrina asume como propia? ¿Qué modelo político, económico y social perseguimos los panistas y qué estamos haciendo para alcanzarlo? ¿Cuáles son los principios que inspiran nuestro actuar en la vida pública? ¿Qué fines queremos conseguir y a través de qué métodos? ¿Cuáles son las diferencias programáticas de Acción Nacional respecto al resto de los partidos? ¿A los panistas qué temas nos interesa defender más en la plaza pública? ¿Se pueden defender estos temas a través de alianzas con otros partidos?

Responder a estas preguntas es una tarea apremiante para los militantes de Acción Nacional, pero también para todos los ciudadanos mexicanos. Los partidos políticos son entidades de interés público que se financian con los impuestos de los contribuyentes, pero además son el instrumento a través del cual las demandas sociales se llevan a las instituciones y se pretenden satisfacer. Ninguna democracia en el mundo ha funcionado sin partidos políticos, a pesar de que hoy su prestigio no sea el mejor, y de que lo *correcto* sea denostarlos y decir que todos son iguales. Por lo tanto, es indispensable que quienes participan con su voto en las elecciones puedan conocer lo que cada partido piensa hacer con él una vez que alcance algún espacio de poder.

Contrario a lo que se repite hasta la saciedad, no da igual qué partido gane unas elecciones, porque las consecuencias de sus propuestas legislativas y de sus acciones de gobierno van a ser muy diferentes. ¿Acaso estaría sucediendo lo mismo en Estados Unidos si hubiera ganado Hillary Clinton en lugar de Donald Trump? ¿O si Nicolás Maduro hubiera perdido las últimas elecciones en Venezuela? ¿O si en nuestro país no hubiera regresado el Partido Revolucionario Institucional (PRI) al poder en 2012? ¿O si en Francia no hubiera resultado electo Emmanuel Macron, sino Marine Le Pen? ¿O si en Cuba –aunque ahí no hay elecciones– no gobernara la dinastía de los Castro, sino un partido proclive a la apertura comercial y a las libertades políticas?

Las ideas no subsisten guardadas en un librero o en un cajón, sino que acarrean consecuencias prácticas. Todos los movimientos políticos y sociales han tenido un antecedente en el mundo de las ideas, lo cual les otorga una identidad específica. Detrás de cada programa político e ideológico hay una visión sobre el ser humano, el Estado, la sociedad, la economía, la historia, el mundo y hasta de Dios. Y cuando se pone en práctica ese programa político e ideológico tiene la posibilidad de transformar la realidad.

Los partidos y los políticos que carecen de ideas recurren únicamente a la ecuación pragmática individual para maximizar el poder; de esta manera, una política sin ideas y, peor aún, sin ideales, se convierte en pura ambición personal que muy rara vez, por no decir nunca, se traduce en una mejor realidad para los demás. De esos políticos siempre hay que desconfiar; también, ciertamente, de los fundamentalistas que convierten sus ideas en dogmas y buscan imponerlas de forma acrítica y sin importarles las consecuencias.

Los partidos políticos son expresiones de una cultura, salvo aquéllos que solamente existen por cuestiones de oportunismo a fin de obtener el poder por el poder mismo; pero eso, incluso, es también una cultura (o anticultura, como podría ser el caso del PRI). Por lo tanto, no da lo mismo que gobierne un partido u otro, o que los parlamentos estén configurados aritméticamente de una u otra forma. La lucha política es, sobre todo, una lucha cultural e ideológica, es una batalla por convencer a las personas de que las ideas propias son mejores que las del adversario y que por eso merecen ser adoptadas y apoyadas en el espacio público. Decía Efraín González Morfín que:

> Un auténtico partido político, que no sea mera organización nominal en torno de una persona o de intereses transitorios, debe [...] apoyarse en principios de doctrina, en determinada filosofía política, económica y social, en una manera propia y peculiar de contestar las preguntas que el ciudadano consciente hace acerca de los problemas y las soluciones de su propio país y del mundo.[1]

¿Qué decisiones económicas se tomarían ante una coyuntura exterior adversa? ¿Cuál es el modelo de Estado que se defiende? ¿Uno más intervencionista o uno más acotado? ¿Qué tanto debe intervenir el gobierno en temas como la educación o la salud? ¿Qué facultades deben estar reservadas a la federación y cuáles a los estados y a los municipios? ¿Cuántos impuestos y a quiénes se deben cobrar para poder garantizar ciertos bienes y servicios públicos? ¿Cuáles son los bienes y servicios que debe proveer el Estado y cuáles pueden quedar en manos de los particulares? ¿Cuáles son las medidas más eficaces para combatir la pobreza y la desigualdad? ¿Qué postura se tiene ante temas polémicos como el aborto, la eutanasia, la legalización de las drogas o la pena de muerte? ¿Cuál es la política exterior que más conviene a los intereses del país?

[1] Efraín González Morfín, *Cambio democrático de estructuras*, México, Fundación Rafael Preciado Hernández, 2012, p. 85.

En este libro pretendo responder a ésas y a otras preguntas, a partir de la identidad doctrinal e ideológica del Partido
Acción Nacional, institución en la que participo activamente
desde hace casi dos décadas. Aquí ya hay una primera aclaración. Escribo este texto desde la militancia política. No aspiro,
por lo tanto, a elaborar un estudio académico ni tampoco a ser
imparcial, sino a ofrecer los argumentos racionales y objetivos
para mostrarle al lector que el pan es la mejor opción política
y electoral, pero intentando no caer en la arenga panfletaria.

Otra aclaración. No se trata de un libro oficialista, sino
que es la interpretación personalísima que hace un militante
de la doctrina panista, que lo mismo ha desarrollado actividades de base, que asumido importantes responsabilidades
públicas e institucionales. Tampoco invento ni digo lo que se
me ocurre, sino que utilizo como fundamento y guía los *Principios de doctrina* de 1939 y sus *Proyecciones* de 1965 y 2002,
así como el *Programa de acción política* de 2004.

Los promotores de esta colección, la cual celebro, me
han insistido en utilizar un lenguaje accesible y dirigido a un
lector no especializado, dado que se trata de un texto de di-
vulgación. Omito, a petición de ellos, las notas al pie (salvo
las referencias bibliográficas indispensables), así como las
disquisiciones técnicas propias de una discusión académica.
Intento presentar el contenido de estas páginas de la forma
más didáctica y sencilla posible. Espero lograr el objetivo.

Esta pequeña obra consta de cuatro capítulos. En el
primero de ellos analizo, de manera general, la doctrina del
humanismo político, que el pan ha hecho suya desde su fundación; también hago un recorrido muy breve por la historia
del partido. En el segundo capítulo explico cómo el humanismo político puede desdoblarse y aplicarse, con propuestas
programáticas, a los diversos temas públicos que son del interés general. En el tercer capítulo hago un recorrido por algunas de las políticas públicas y leyes promovidas por el pan,

inspiradas en su identidad doctrinal e ideológica, y que hoy podemos considerar como logros importantes de este partido. Finalmente, incluyo un pequeño apartado, a modo de conclusión, en donde abordo los retos que la identidad panista tiene que enfrentar de cara al futuro.

Este libro fue posible gracias al apoyo de diversas personas a las cuales quiero agradecer. En primer lugar, Mauricio Volpi, quien creyó que yo era la persona adecuada para escribir sobre la identidad política del PAN y me propuso hacer este texto, sin desesperarse por la tardanza en que incurrí para entregarle la primera versión. También quiero dar las gracias a Salomón Guzmán, Aurora Espina, Tania Oubiña, Armando Rodríguez y Juan Pablo Saavedra, investigadores que me ayudaron con algunos datos y cifras. Por supuesto, todos los errores son mi responsabilidad exclusiva.

Axotla, Ciudad de México.
Septiembre de 2017

La doctrina panista:
el humanismo político

El humanismo político es el nombre que recibe la doctrina del Partido Acción Nacional (PAN). Antes de desarrollarla, conviene aclarar dos términos que suelen usarse de manera indistinta: doctrina e ideología. ¿Qué entendemos por cada uno de ellos?

Carlos Castillo Peraza, uno de los pensadores más ilustres del PAN, estableció una interesante y muy útil distinción entre estos conceptos. La doctrina es una filosofía que debe ser enseñada, y sus principios son afirmaciones universales y originarias que deben ser desarrolladas y continuadas. La ideología es, precisamente, el despliegue programático de los principios de doctrina, es decir, la forma en que éstos se desdoblan en políticas públicas, leyes y decisiones de gobierno.[2] Uno de los objetivos de todo partido político consiste en obtener el poder formal, el gobierno, para dar a la sociedad un orden acorde a los principios ideológicos elegidos.

Como señala Rodrigo Guerra: "La estructura de la acción está determinada por los conceptos que la nutren y le dan significado. La acción es un *medio-para*, es un recurso para construir un estado de cosas deseado, anhelado, pensado

[2] Carlos Castillo Peraza, "Doctrina, ideología, comunicación", *Doctrina e ideología. Partido Acción Nacional*, México, Fundación Rafael Preciado Hernández, 2010.

previamente".[3] Ese pensamiento que ocasiona una acción es la doctrina política o, como utilizaremos en este texto a partir de la explicación del párrafo anterior, la ideología.

Desde esta perspectiva, la ideología no tiene un sentido peyorativo, es decir, no se considera un sistema cerrado de creencias preconcebidas y con un alto componente utópico, sino como el conjunto de ideas coherentes que se derivan de una cosmovisión doctrinaria y que incitan a la acción. Sin duda, pueden existir ideologías totalitarias, que son aquéllas que se convierten en dogmas, se asumen como la única verdad frente a la problemática social y como teorías cerradas que pretenden explicar y justificar, de forma unívoca, todo cuanto existe y sucede. Generalmente, las ideologías totalitarias encarnan en Estados y en tiranos que invaden áreas que son exclusivas de los particulares.

Existen partidos totalitarios que convierten sus propuestas ideológicas en dogmas, por lo que no se permite la disidencia y solamente el líder máximo puede interpretar su propia ideología; estos partidos suelen funcionar de manera parecida a las sectas y la discusión democrática no tiene cabida. En el otro extremo, existen también partidos absolutamente pragmáticos y oportunistas, que simplemente se colocan en donde las encuestas dicen que está la mayoría de los electores; estos partidos lo mismo pueden ser de izquierda o de derecha, conservadores o progresistas, con tal de ganar el voto popular. Frente a estos dos extremos, igualmente perniciosos, están los partidos programáticos, que son aquéllos que tienen una base doctrinaria de carácter general, universal e inmutable, pero que permiten la deliberación interna a fin de interpretar cómo estos principios se adecuan a cada situación específica y concreta; Acción Nacional ha pretendido ser un partido con estas características.

[3] Rodrigo Guerra López, *Como un gran movimiento*, México, Fundación Rafael Preciado Hernández, 2012, p. 9.

En este capítulo haré un brevísimo recorrido por la historia del PAN, para después hablar del humanismo político y adentrarnos en sus principios doctrinales más generales y básicos; comentaré también el contexto en el que éstos fueron proyectados y desarrollados años después de la fundación del partido. En futuros capítulos desarrollaré las tesis programáticas que se derivan de ellos.

Un rápido recorrido por la historia del PAN

El Partido Acción Nacional ha sido un factor fundamental del cambio político en México, coadyuvando determinantemente a la liberalización y democratización del régimen autoritario de partido dominante establecido tras la Revolución mexicana. Durante gran parte del presidencialismo mexicano, Acción Nacional fue la única alternativa electoral opositora medianamente institucionalizada y que actuaba en la legalidad.

El PAN se fundó en septiembre de 1939, bajo el liderazgo de Manuel Gómez Morin, distinguido abogado que, entre otros cargos, había sido rector de la Universidad Nacional entre 1933 y 1934. Él se dio a la tarea de invitar personalmente a muchos de los mexicanos más destacados de su época para formar, según sus propias palabras:

> [...] una organización ciudadana, independiente, limpia de todo compromiso, [...] orientada a congregar en torno a una doctrina homogénea, precisa, que constituya una recta interpretación de la sociedad y de la patria, a todos los que no somos ni deseamos ser políticos profesionales; pero estamos convencidos de que sólo la acción de los ciudadanos mismos, una acción congruente, disciplinada, resuelta,

puede dar a México la paz, la prosperidad, la ventura que inútilmente se ha estado esperando de los caudillos.[4]

Al llamado de Gómez Morin acudieron catedráticos universitarios, intelectuales, abogados, filósofos, científicos, estudiantes y hasta músicos, entre los que destacaron Efraín González Luna, Rafael Preciado Hernández, Miguel Estrada Iturbide, Aquiles Elorduy, Ezequiel Chávez, Manuel Herrera y Lasso, Manuel M. Ponce, Luis Calderón Vega, Teófilo Olea y Leyva, entre muchos otros.

Es importante recordar que en esos años en nuestro país se estaba consolidando un régimen político autoritario, en el que el presidente de la república en turno ejercía un poder prácticamente ilimitado, sin contrapesos. Es también la época inmediata posterior a la Revolución, en la que abundaban los caudillos y caciques regionales que se habían unido para formar el Partido Nacional Revolucionario, antecedente del actual Partido Revolucionario Institucional (PRI).

El PAN nació como una alternativa ciudadana frente a ese régimen de partido hegemónico y estatista, el cual incluso coqueteaba con las ideologías socialistas y totalitarias que estaban en boga en buena parte del mundo y que suponían un riesgo para la libertad de las personas. Desde su nacimiento, Acción Nacional se concibió como un partido permanente, que no participaría en la política para seguir a un caudillo o para aprovechar una coyuntura, sino para defender una doctrina específica; es decir, un conjunto de principios y valores con los cuales trataría de transformar la realidad. En junio de 1939, meses antes de la fundación formal del partido, Manuel Gómez Morin señaló que: "Acción Nacional se funda no con

---

[4] "Carta de Manuel Gómez Morin a Francisco Lisci (30 de agosto de1939)", en Lujambio, Alonso y Fernando Rodríguez Doval (comp.), *1939. Documentos fundacionales del PAN*, México, Partido Acción Nacional, 2009, pp. 483-484.

la intención de ser un partido ocasional, circunstancial. No será un partido de elecciones, sino una organización permanente, con un cuerpo de doctrina, con una filosofía política y social que defenderá siempre".[5] Esa clase de filosofía es el humanismo político.

El PAN participó por primera vez en unas elecciones federales en 1943, y tres años después obtuvo sus primeros cuatro diputados: Aquiles Elorduy, Antonio L. Rodríguez, Juan Gutiérrez Lascuráin y Miguel Ramírez Munguía. Estos diputados propusieron iniciativas tan relevantes como crear un sistema electoral que garantizara el sufragio libre; brindar seguridad jurídica al campo; dotar de autonomía constitucional al Banco de México; proteger la autonomía municipal; o transparentar a las empresas paraestatales y descentralizadas. Ninguna de estas iniciativas fue apoyada por la mayoría legislativa del PRI. Sin embargo, Acción Nacional comenzó así una intensa tarea.

El primer triunfo municipal que le fue reconocido a Acción Nacional fue en 1947, en Quiroga, Michoacán. Durante décadas, el partido fue víctima de numerosos fraudes electorales que no oscurecieron su firme voluntad por cambiar a México por la vía pacífica y electoral. El primer candidato presidencial que el PAN postuló fue Efraín González Luna, en 1952. Seis años después, el candidato fue Luis H. Álvarez, un joven empresario de Chihuahua; sin embargo, fue tal la violencia que se suscitó durante aquella campaña electoral, que el PAN decidió que sus seis diputados electos no participaran en el Congreso.

Estas circunstancias hicieron que el PAN se replanteara su participación electoral. Había quienes creían que debía seguir por esa ruta, aun cuando se corriera el riesgo de legitimar al régimen, ya que de esa manera era posible avanzar

[5] Manuel Gómez Morin, *Ideas Fuerza*, México, EPESSA, 2002, p. 19.

paulatinamente en el reconocimiento de los triunfos y se informaba a los ciudadanos de las propuestas de Acción Nacional; por el contrario, había quienes creían que era preferible abstenerse de participar en elecciones fraudulentas y concentrar todo el esfuerzo en la elaboración de un programa y una doctrina capaces de formar ciudadanos, a pesar de que ello pudiera sumir al partido en la marginalidad. Ese dilema estuvo presente al interior del PAN durante varios años.

En 1962, Adolfo Christlieb Ibarrola, joven abogado y profesor universitario, llegó a la presidencia nacional del partido. En medio del dilema mencionado, condicionó la continuidad de la participación electoral de Acción Nacional a la aprobación de una reforma electoral que permitiera una mayor presencia de la oposición en la vida legislativa y municipal del país. El gobierno cedió, consciente de la necesidad de abrir cauces al descontento popular que se expresaba por diversas vías y, en 1963, se aprobó una nueva ley electoral que incorporaba a los llamados *diputados de partido*; esta figura consistía en permitir el acceso al Congreso de aquellos candidatos a diputados que, sin haber ganado la elección, habían obtenido la mejor votación de entre todos los postulados por su partido, hasta un límite de 20. De esta forma, la presencia de Acción Nacional aumentó significativamente en la Cámara de Diputados. Sin embargo, el régimen seguía sin aceptar una reforma que democratizara las estructuras del Estado mexicano.

En 1964, José González Torres fue el candidato presidencial. Por aquellos años, el PAN gobernó importantes alcaldías, como la de Hermosillo, Mérida o San Pedro Garza García. Pero nuevos fraudes electorales en gubernaturas como la de Baja California y la de Yucatán, así como la represión al movimiento estudiantil en 1968, mostraron la verdadera cara del régimen.

En 1970, el candidato presidencial fue Efraín González Morfín. Era un destacado intelectual humanista, que utilizó su campaña para difundir las tesis solidaristas del partido y para llamar a la transformación de las estructuras socioeconómicas del país. Seis años después, los desacuerdos internos impidieron que el partido se presentara a las elecciones presidenciales. Ésta quizá fue la crisis interna más grave de la historia del partido. Una nueva reforma política y electoral en 1977 permitió la participación de todos los partidos en las elecciones e instauró los diputados de representación proporcional; pero, seguían sin existir condiciones de equidad en las contiendas electorales, las cuales eran organizadas por el gobierno. En la década de los ochenta, el PAN ganó importantes municipios y sumó a sus filas a importantes líderes cívicos y comunitarios de toda la república, que vieron en este partido el gran vehículo para lograr un cambio democrático. La campaña presidencial de Acción Nacional en 1982, encabezada por Pablo Emilio Madero, sumó al partido a muchos ciudadanos descontentos, no solamente con el autoritarismo del régimen, sino también con el desastroso manejo económico de los gobiernos de Luis Echeverría y José López Portillo que había sumido al país en una profunda crisis.

En 1986, un grotesco fraude electoral contra el candidato panista en Chihuahua, Francisco Barrio, marcó un antes y un después en la lucha opositora; una de las figuras más emblemáticas del partido, Luis H. Álvarez, llevó a cabo una huelga de hambre de 42 días para protestar por la cerrazón del régimen y el nulo respeto al voto popular. A su reclamo se unieron importantes intelectuales y líderes de opinión, así como militantes de otros partidos. En 1988, el candidato presidencial panista, Manuel "Maquío" Clouthier, movilizó en torno suyo a millones de mexicanos hartos del estatismo y autoritarismo del régimen priista; aquella elección, donde oficialmente ganó Carlos Salinas de Gortari y en la que también participó Cuauhtémoc Cárdenas, ha sido considerada como una de las más polémicas en la historia electoral de nuestro país. A partir de entonces, y gracias a la presión del PAN, se dieron diversos cambios electorales que impulsaron la creación del Instituto Federal Electoral y su posterior autonomía y ciudadanización.

En el año 1989 se reconoció el primer triunfo de un candidato distinto al PRI en una entidad federativa, el panista Ernesto Ruffo Appel ganó en Baja California. Tuvieron que pasar 50 años para que a Acción Nacional se le reconociera un triunfo en una gubernatura. En los noventa, el PAN se convirtió en el gran impulsor del cambio político en México debido a sus victorias en estados y municipios y a su importante capacidad negociadora en el Congreso. El candidato panista en las elecciones presidenciales de 1994 fue Diego Fernández de Cevallos; ese proceso estuvo marcado por el asesinato del candidato priista Luis Donaldo Colosio y por la celebración del primer debate televisado.

Aquellos años ochenta y noventa son considerados como los de la victoria cultural de Acción Nacional. Este término fue acuñado por Carlos Castillo Peraza –quien presidió al partido entre 1993 y 1999– para referirse a que las propuestas encaminadas hacia un régimen incluyente que el PAN defendió durante décadas, fueron aceptadas por prácticamente todos los actores políticos. Estas propuestas eran la normalización de la relación entre la Iglesia y el Estado, la libertad educativa, la apertura económica, la credencial para votar con fotografía, la creación de un instituto electoral autónomo del gobierno, entre otras.

En el año 2000, después de décadas de lucha, se produjo la alternancia en el Poder Ejecutivo con el triunfo de Vicente Fox. El partido era dirigido en aquellos momentos por Luis Felipe Bravo Mena, hombre sensato y prudente que guió con sabiduría a la institución en una de las épocas más trascendentales de su historia: el paso de la oposición al gobierno. Con muchos inconvenientes, se comenzaron a implementar cambios muy importantes para la política del país, a pesar de que la ausencia de una mayoría legislativa panista dificultó la aprobación de reformas que desde entonces eran necesarias. Seis años después, y bajo la dirigencia encabezada por Manuel Espino, Felipe Calderón refrendó la confianza de los ciudadanos, ya que continuó y profundizó la tarea reformista. Esos 12 años de gobiernos federales panistas fueron de profundas transformaciones políticas, económicas y sociales. Hablaremos de ellas más adelante. Por ahora, sólo diremos que, en un contexto nacional e internacional muy complejo, los gobiernos del PAN lograron una inédita estabilidad económica y en México se vivieron libertades públicas que nunca antes se hubieran imaginado. En aquellos años fueron presidentes del partido Germán Martínez Cázarez y César Nava Vázquez.

El PAN regresó a ser una fuerza de oposición en el año 2012; presidido entonces por Gustavo Madero, apoyó con responsabilidad diversas reformas que eran muy importantes para el país, sin dejar de señalar los múltiples errores del errático gobierno priista encabezado por Enrique Peña Nieto. En 2016, y bajo la dirección de Ricardo Anaya, el partido obtuvo el mayor triunfo a nivel local de toda su historia, ganó siete gubernaturas en una misma jornada electoral y, para 2017, Acción Nacional gobierna en 12 estados del país, algo que nunca antes había ocurrido.

La doctrina e ideología del humanismo político

La doctrina del Partido Acción Nacional fue definida por Efraín González Luna, uno de sus fundadores en 1939, como *humanismo político*. Hunde sus raíces en la noción occidental y cristiana de la persona humana como ser único e irrepetible, con

alma espiritual y cuerpo material, con inteligencia y voluntad, sujeto de derechos y deberes derivados de su eminente
dignidad. A partir de esta visión sobre la persona, se afirma
que la razón de ser del Estado y de la comunidad política es
el bien común, entendido como el conjunto de condiciones
materiales y espirituales que permiten el óptimo desarrollo
de todos los individuos.

En el humanismo político se reconoce que la persona
cuenta con una sociabilidad natural que la lleva a formar comunidades –la primera de ellas, la familia– que se encuentran entre la propia persona y el Estado, y que contribuyen a
su formación y desarrollo. Estas comunidades son conocidas
con el nombre de organismos o cuerpos intermedios, y le permiten al individuo desarrollar su propia sociabilidad. Las relaciones que se desarrollan entre las personas y comunidades
deben ser de solidaridad, ya que forman parte de la misma
comunidad política cuyo fin compartido es el bien común. La
participación del Estado en la vida social tiene que estar regi-
da por el principio de la subsidiariedad, es decir, debe ocurrir
únicamente en aquellos casos en los que la comunidad inferior no pueda desarrollar plenamente su función con autonomía, pero sin absorber nunca la iniciativa de cada individuo
ni violentar su libertad.

El humanismo es una corriente de pensamiento casi
tan antigua como la filosofía. Por lo mismo, ha mostrado diversas facetas a lo largo de la historia. No es posible hablar
del humanismo occidental como una tendencia filosófica
única y uniforme. Sin embargo, sí podemos afirmar que el
rasgo común de todas sus manifestaciones ha sido un interés fundamental por el sentido y valor del hombre y de lo
humano, tomándolo como punto de partida de sus plantea-
mientos y reflexiones. Cómo definir al hombre y encontrar
ese sentido y valor es lo que ha diferenciado a los diferentes
humanismos.

Se considera que la Grecia clásica aportó al mundo occidental la sistematización del pensamiento filosófico mediante el uso de la razón. Ahí se desarrollaron los primeros humanistas, como Sócrates, Platón o Aristóteles. Ellos buscaban los elementos vitales que permitieran al ser humano alcanzar la felicidad por medio de la virtud. El hombre podría llegar a la perfección a partir del cultivo de la sabiduría y del conocimiento, y viviendo acorde con su propia naturaleza, la cual, según Aristóteles, es eminentemente social. Es por eso que el ser humano solamente se puede desarrollar y lograr la plenitud en la relación con los demás. La comunidad política es, de esta manera, la natural consecuencia de la sociabilidad humana.

Posteriormente, con la irrupción del cristianismo, se introdujo en la filosofía el concepto de *persona*, definida por Boecio, como "sustancia individual de naturaleza racional". Los máximos exponentes del humanismo cristiano de los primeros siglos son, tal vez, San Ambrosio y San Agustín, y de la época medieval es Santo Tomás de Aquino; todos ellos consideraban a la persona como el ser más perfecto de la naturaleza por haber sido creado a imagen y semejanza de Dios (*Imago Dei*) y tener un alma espiritual inmortal e imperecedera. Esto dotaba al individuo de una inherente y eminente dignidad por el sólo hecho de existir. La dignidad entendida como ese valor intrínseco que posee todo ser humano sin distinción.

Con el Renacimiento se produjo un nuevo humanismo más antropocéntrico, que propuso una nueva perspectiva para analizar los asuntos del hombre; esta corriente de pensamiento, representada por Erasmo de Rotterdam, Santo Tomás Moro o Luis Vives, tuvo una repercusión importante en la filosofía, produjo un esplendor en la cultura y las artes y preparó el camino, algún tiempo después, para la Ilustración y el racionalismo.

A partir del siglo XIX se desarrolló, con particular
fuerza, la filosofía del hombre. Emergieron varias corrientes humanistas, todas ellas muy distintas entre sí e, incluso,
contradictorias. Por ejemplo, el marxismo propuso nuevas
relaciones sociales que no suponían ninguna explotación,
permitían la emancipación y la desalienación del hombre,
lo cual solamente es posible en una sociedad sin clases. El
existencialismo ateo, por su parte, consideró que el ser humano sólo puede subsistir mediante su libertad, ya que no
existe algo así como una esencia humana ni tampoco una
dimensión espiritual sobrenatural. Sin embargo, por esos
años empezó también a tomar forma un humanismo que
pretendía ser integral y que alcanzó un gran desarrollo en
el siglo XX. Esta corriente buscó, primordialmente, un concepto claro del ser humano como persona, en el que centró
todo el significado de la realidad. El humanismo integral y
personalista quería redescubrir las realidades espirituales de
la persona, considerando que ésta debe ser siempre un fin
en sí mismo y nunca un medio; de esta forma, también tiene
que ser el fin último de toda organización social. Así, el objetivo primordial de todo Estado es la consecución del bien
común, porque las personas se vinculan entre sí mediante
lazos de afecto y pertenencia, y no solamente de intercambio material o económico. Algunos representantes de esta
corriente de pensamiento son Sören Kierkegaard, Gabriel
Marcel, Emmanuel Mounier, Jacques Maritain, Karol Wojtyla
o Carlos Díaz.

Este humanismo integral reconoce que la persona entra
en juego, se relaciona y convive con los otros; es un ser eminentemente social, sin perder por ello su individualidad. La
acción de la persona con los otros se entiende como participación, la cual puede transformar la existencia social. De esta
forma, la comunidad es la común unión de los miembros de
un grupo social, es decir, la unidad dentro de la multiplicidad.

Y por medio de la solidaridad se debe buscar que toda sociedad se convierta en comunidad.

El filósofo francés Emmanuel Mounier sintetiza el planteamiento humanista y personalista en las siguientes cuatro condiciones indispensables:

1. Una persona nunca puede ser tomada como medio por cualquier otra o por una colectividad, porque siempre es un fin en sí mismo.
2. No existe espíritu, acontecimiento, valor o destino impersonal, puesto que lo impersonal es solamente la materia y toda comunidad es en sí misma personal.
3. Por tanto, es condenable todo régimen que, de derecho o de facto, considere a las personas como objetos intercambiables o las supedite a la consecución de un fin aparentemente deseable para la colectividad.
4. El régimen político y la estructura legal no tienen por misión subordinar a las personas ni asumir el desarrollo de sus vocaciones, sino asegurarles las condiciones que les permitan reconocer en plena libertad espiritual esa vocación. Es la persona quien hace su destino, ni otras personas ni ninguna colectividad pueden reemplazarla.[6]

Este humanismo integral y personalista tiene una aplicación en el terreno político. Es, precisamente, el humanismo político el que da contenido ideológico al Partido Acción Nacional y a otros partidos afines.

A este humanismo político es que se adscriben aquellos partidos políticos en todo el mundo que se autodenominan como populares, demócrata-cristianos y de centro o

---

[6] Enrique San Miguel Pérez, "Correr el riesgo del amor: personalismo frente a individualismo", en Maldonado Roldán, Jorge (ed.), *Desafíos de la vigencia del humanismo cristiano*, Konrad Adenauer Stiftung, Uruguay, 2013, p. 9.

centro-derecha. Hay que señalar que muchas de las transiciones a la democracia en países que padecieron regímenes autoritarios fueron encabezadas por partidos humanistas, tanto en Iberoamérica como en Europa del Este. Asimismo, fueron políticos humanistas como el italiano Alcides De Gasperi, el francés Robert Schuman o el alemán Konrad Adenauer quienes pusieron los cimientos de lo que actualmente es la Unión Europea. En México, el PAN es la expresión política de este humanismo, y su aportación a la historia sociopolítica de nuestro país ha sido inmensa.

Los cuatro pilares del humanismo político

El humanismo político tiene cuatro grandes pilares en los que se sustentan todas sus afirmaciones, y de los que se deben desdoblar todas las propuestas, programas, plataformas y acciones de gobierno. Es importante mencionar que estos pilares son proposiciones fundamentales y originarias, no son soluciones específicas y concretas; éstas deberán surgir de la interpretación y práctica que se haga de los primeros. Los cuatro principios son: la eminente dignidad de la persona humana, el bien común, la solidaridad y la subsidiariedad. A continuación, se analizará cada uno de ellos.

La eminente dignidad de la persona humana

Toda afirmación doctrinal o ideológica que se pueda hacer sobre el ser humano tiene consecuencias prácticas y políticas. No es lo mismo pensar que el ser humano es sólo un conjunto de células que se configuraron al azar o un mono que tuvo éxito en el proceso evolutivo, que afirmar que la persona humana tiene una eminente dignidad y un valor en sí misma, tal y como lo postula el humanismo político. Este valor no depende de su posición social, de si es hombre o es mujer, de su raza, de su educación, de su edad, de su nacionalidad, de si ya nació o está en el seno materno, de su complexión física, ni de ninguna otra característica, sino que lo tiene por el solo hecho de ser persona.

Líneas arriba se dijo que Boecio definió a la persona como "la sustancia individual de naturaleza racional". Como sustancia individual, cada persona es distinta, única, irrepetible y tiene una singularidad; por su naturaleza racional, cuenta con inteligencia y voluntad; la inteligencia busca la verdad y la voluntad busca el bien. Por lo tanto, así como insistían los griegos, la persona está llamada a buscar el bien, la verdad y la belleza.

La persona es una unidad de materia y espíritu, es la venturosa integración de cuerpo y alma. Su cuerpo material hace que sea semejante a otros seres vivos y que comparta con ellos aspectos fisiológicos y capacidades sensibles; del mismo modo, mediante su cuerpo se vincula al mundo. Pero su alma espiritual es la que le confiere su carácter de ser racional, es decir, poseer entendimiento, inteligencia y voluntad, además de que le permite abrirse a la trascendencia y a Dios. La persona, por tanto, no actúa meramente por instintos o por necesidades biológicas propias de su especie –como los animales–, sino que puede decidir libremente sobre sus actos. Ningún otro ser en la naturaleza posee esta característica porque está plenamente vinculada a su dignidad y, en consecuencia, el Estado debe salvaguardar esta libertad.

La dignidad eminente de la persona es algo que antecede al Estado y a la propia ley positiva. En otras palabras, no son el Estado ni la ley los que otorgan al ser humano su dignidad, sino que como ésta es inherente, no está sometida a la regla de la mayoría ni a lo que diga el más fuerte. No es un derecho más, sino que es el origen de cualquier derecho, desde el primero de ellos que es a la vida, en el momento de la concepción, y hasta la muerte natural. Estos derechos inalienables, que se derivan de la dignidad humana, deben ser reconocidos por el Estado.

La afirmación anterior implica que el Estado también debe atender las dos dimensiones de la persona: la material y la espiritual, pero sin invadir nunca los ámbitos que tienen que ver con sus creencias y sus convicciones más íntimas, ante las cuales no debe ser sino un respetuoso facilitador.

Precisamente, como veremos a continuación, el bien común, fin de la política y del Estado, es el conjunto de elementos y condiciones materiales y espirituales que permiten el pleno desarrollo de la persona.

Figura. La estructura de la persona humana

Todo ser humano es persona, por lo que no debe ser tratado como una cosa, un objeto o un ser inferior. Cada persona es un fin en sí mismo, no un medio para conseguir algo, por lo que jamás debe ser instrumentalizada, es decir, utilizada para el beneficio egoísta de alguien más. Por lo tanto, una sociedad justa solamente se puede realizar en el respeto de la dignidad de cada persona. Es importante enfatizarlo en una época en la que parece que se pretende poner precio al ser humano. Lo que hemos dicho sobre la dignidad puede ser aceptable para prácticamente todas las ideologías, pero lo cierto es que han existido corrientes de pensamiento a lo largo de la historia que, llevadas a la acción, no han visto a la persona como un fin en sí mismo ni han considerado su dignidad como algo importante. Por ejemplo, en el nacional socialismo de Adolfo Hitler, entre otros muchos abusos, se permitía experimentar con seres humanos a fin de mejorar genéticamente la raza aria; o para el comunismo soviético, los disidentes eran considerados como *enemigos del pueblo* y se les mandaba a en campos de trabajo forzado –en donde frecuentemente eran asesinados– para que no alteraran el supuesto bien de la colectividad. Pero no hace falta recurrir a ejemplos tan extremos, se vulnera la dignidad humana cuando se considera al ser humano como un parásito del Estado que sólo debe estirar su mano para recibir un recurso público sin que se le dé oportunidad de mejorar por sí mismo su propia condición; o cuando se le entrega una despensa para que vote por determinado partido político, o para que vaya a un evento político; peor aún, cuando se le hacen descuentos de su salario para desviarlos hacia determinado grupo político, algo que es muy común, por desgracia, en nuestro país. También son muestras de transgresiones, la falta de acción de la autoridad que permite que la seguridad e integridad física de la persona esté a expensas de la delincuencia; cuando se le esclaviza sexualmente mediante la trata; cuando no se hace nada para evitar la pobreza y la desigualdad; o cuando un líder mesiánico y populista pretende apoderarse de la conciencia de las personas y, por lo tanto, de su inteligencia y su voluntad, o sea, de su libertad. Por desgracia, no sería exagerado decir que la degradación humana está más generalizada actualmente que en cualquier otro periodo de la humanidad.

Por eso, es indispensable insistir en la defensa de la dignidad de la persona humana y profundizar en las implicaciones políticas, económicas y sociales de este principio general del humanismo político.

El bien común

En el humanismo político se define al bien común como el conjunto de condiciones materiales y espirituales que permiten el pleno desarrollo de cada persona. También es el fin y razón de ser del Estado como organización política suprema de una sociedad, y de la política como actividad.

Como puede apreciarse en esta definición, el bien común no implica la imposición, desde el Estado, de un modelo de vida para los ciudadanos, como pretenden las ideologías totalitarias, sino la creación de condiciones indispensables para que cada persona, en su propia subjetividad e individualidad, pueda desarrollar su proyecto de vida en libertad. Estas condiciones existen y permiten a la persona desarrollar una existencia verdaderamente humana. Pueden ser, entre otras, la protección de la vida, la seguridad pública, la paz, el desarrollo económico, la creación de infraestructura material, la educación, el cuidado del medio ambiente, el trabajo, o la satisfacción de necesidades básicas como el alimento, el vestido o la vivienda.

El bien común se refiere a ese espacio que comparten los diferentes seres humanos en una sociedad. Como señala la filósofa española Montserrat Herrero, "el que existan bienes sociales o inmediatamente comunes, es decir, el que existan aspiraciones humanas para las que es esencial una comprensión común, es congruente con la naturaleza política del hombre".[7]

El bien común admite una variedad de formas de realización. No se debe tratar de imponer una sola noción del bien, como ocurre en los regímenes totalitarios. La articulación entre los bienes individuales y el bien común implica

---

[7] Montserrat Herrero, "Qué puede significar bien común en la sociedad pluralista contemporánea", *Empresa y humanismo*, vol. 9, núm. 1, 2006, p. 135.

que debe existir un conjunto de condiciones que es necesario procurar para que cada uno de los miembros pueda alcanzar sus propios objetivos. Es así como ni el bien común desconoce las particularidades personales ni cada uno de los integrantes de una comunidad o de los organismos intermedios desconocen la contribución que pueden hacer al bien común en la medida en que persigan el suyo. El bien común dista de ser un modelo cerrado impuesto desde el poder político y tiene un carácter plural reconocido en el principio de la subsidiariedad.

A propósito de eso, hace algunos años, en la clausura de un diplomado dirigido a líderes panistas de todo el país, Carlos Abascal Carranza mencionó las siguientes palabras repletas de significado:

> Ustedes son políticos, ustedes quieren llegar a ocupar espacios como una diputación o una presidencia municipal o una Presidencia de la República; eso está perfecto, pero sépanse que al llegar a estas posiciones no se vuelven amos y señores del ser humano, no tienen poder sobre todo el ser humano. Hay una vida interior sobre la que ustedes no tienen derecho, así sea el presidente de la República; hay una vida familiar sobre la que ustedes no tienen derecho; hay una vida de relación entre el hombre y Dios sobre la que el político y el Estado no tienen derecho; hay una vida, la vida de la cultura como expresión del espíritu, sobre la que el Estado no tiene derecho, por eso se corrompió el arte en México, cuando la ideología se apoderó del arte y echó a perder la expresión artística, convirtiendo la ideología al servicio de la corrupción.
>
> Estos espacios son de la persona, que está más allá del Estado. ¿Por qué? Porque el Estado es del hombre, por el hombre y para el hombre. El Estado entero está al servicio de la persona y si no es así, el Estado acaba adueñándose

de la persona y, por lo tanto, esclavizándola con una u otra medida.[8]

Una oferta permanente de los populistas y los revolucionarios es la felicidad colectiva. Incluso, escuchamos a muchos políticos de izquierda asegurar que quieren garantizar el derecho a la felicidad y cosas por el estilo. Esta visión puede llegar a ser peligrosa. Pensar que el gobierno, una institución de naturaleza pública, debe encargarse de la felicidad de las personas –que es un estado anímico privado y personalísimo como pocos–, puede llevar a la tentación de imponer una determinada escala de valores a los demás, a fin de hacerlos comprender lo que al gobernante en turno le parece que se requiere para la felicidad de sus gobernados. Y esto conduce al utopismo, a la necesidad implícita de construir un paraíso terrenal según los lineamientos y el muy particular concepto de felicidad que impongan quienes encabezan el Estado. El gobierno no impone la virtud, sino que garantiza las condiciones para que cada ciudadano pueda obrar de la forma que le parezca virtuosa y pueda ir tras los bienes que le producen su felicidad particular. Así, el gobierno coadyuva indirectamente en la felicidad de las personas, pero no se encarga de ella, lo cual sería una misión imposible de satisfacer sin violar la libertad individual. Los totalitarismos que padeció el mundo en el siglo xx también decían que buscaban la felicidad de la gente. La noción de que el bien y la felicidad de la persona consistían en su absoluta subordinación al ideal colectivo se convirtió en un dogma, por lo que el gobierno no podía tolerar ninguna intención personal de buscar la felicidad al margen de lo que

---

[8] Carlos Abascal Carranza, "Palabras en la clausura de la Escuela de Liderazgo y Formación Política (ESLIDER)", *Versión Estenográfica*, México, Fundación Rafael Preciado Hernández, 2008, p. 7.

él dictaba y establecía. Millones de muertos son testigos silenciosos de esa utopía.

La subsidiariedad –de la que hablaremos después– es uno de los principios rectores del modo como el gobierno ejerce la autoridad sobre los ciudadanos en vistas a la realización del bien común. Este principio limita la intervención de las autoridades en la vida de las personas y de los cuerpos intermedios, al establecer que sólo en caso indispensable se requerirá la participación del ente social superior en alguna tarea que, con legítima autonomía, le corresponde desarrollar al ente social inferior.

A partir de este punto, es importante aclarar que el bien común no es la suma de bienes individuales, ni el bien de la mayoría ni tampoco el de una minoría. Es el bien de la comunidad política en su conjunto, es aquello que permite que cada persona se desarrolle. Es el conjunto de condiciones que permite a todos y a cada uno de los miembros de la sociedad alcanzar su verdadero bien individual.

Pongamos un ejemplo. Pagar impuestos puede parecer que va en contra del bien individual, puesto que el ciudadano deja de tener un recurso que podría utilizar para satisfacer una necesidad o aspiración personal. Sin embargo, gracias a ese pago, contribuye a que el Estado tenga recursos para proveer ciertos bienes y servicios públicos, como seguridad, justicia, vialidades, educación o salud, que también le beneficiarán y que propiciarán las condiciones para que la sociedad se desarrolle armónicamente.

Por eso es que el bien común tiene preeminencia sobre los intereses particulares o de grupo, pero es inseparable del bien de las personas. De ninguna manera se debe renunciar a los fines trascendentes del ser humano en función de los intereses de la colectividad. Esto es muy común en los regímenes totalitarios, como ya mencionábamos: con tal de satisfacer, aparentemente, el bien colectivo, se sacrifica el bien de cada persona. Si el bien común atentara contra el fin trascendente de una sola persona, dejaría de ser bien y dejaría de ser común.

La solidaridad

El hombre no es un ser aislado, sino un ser social por naturaleza, un *animal político*, como lo definió el filósofo Aristóteles. Por tanto, vive en estrecha relación con los demás. El principio de la solidaridad expresa el vínculo mutuo entre la persona y la sociedad.

La palabra *solidaridad* proviene del latín *solidare*, que significa "reunir sólidamente", partiendo de la base de que la sociedad es un cuerpo sólido en el que cada una de sus partes hace una aportación para el buen funcionamiento del conjunto. El filósofo Carlos de la Isla lo explicó de la siguiente manera:

> El bien común implica la solidaridad, que la sociedad se comporte como un cuerpo sólido. El mejor ejemplo de esta solidez es el comportamiento espontáneo fisiológico y psicológico del ser humano cuando alguno de sus miembros se lesiona; si el dedo de una mano es herido la otra mano lo auxilia, se activa la fuerte alarma del dolor, el corazón bombea con más fuerza, la circulación se acelera para purificar y cicatrizar, la vista examina la herida, la inteligencia juzga el daño y diagnostica, la voluntad ordena y coordina la acción curativa, millones de células cerebrales se ponen en alerta para realizar los mandos y atender al dedo herido. [...] Sociedad solidaria es aquélla que cuando tiene un miembro herido, ofendido, débil, pone en acción a todos los demás para atenderlo, curarlo, fortalecerlo.[9]

[9] Carlos de la Isla, *Bien común y propiedad* [Lectura para alumnos de la clase Ética, sociedad y empresa], Instituto Tecnológico Autónomo de México, 2002, pp. 6-7.

La solidaridad rechaza como principios ordenadores de la sociedad al individualismo, que niega la naturaleza social de la persona y solamente busca los intereses individuales, y al colectivismo, que priva al ser humano de su dignidad personal y le degrada a mero objeto de procesos sociales y económicos.

La solidaridad es también una virtud social por la cual todos los que formamos parte de una comunidad nos responsabilizamos por todos, especialmente por los más débiles, desde el ámbito que nos corresponda. Adquiere mayor relevancia en las sociedades desiguales, en donde es un deber ayudar a aquellos miembros menos favorecidos. Pongamos un ejemplo. Cuando cada año se discute el Presupuesto de Egresos de la Federación en la Cámara de Diputados, no se otorgan los mismos recursos a cada estado ni se hace una distribución paritaria según el número de habitantes; por el contrario, se entrega más dinero a los que tienen mayores carencias; de la misma manera, los estados que generan más recursos, aportan más, pues se aplica el principio de solidaridad fiscal y presupuestaria (que no debe malinterpretarse e incentivar el parasitismo, el cual se presenta cuando no existen los alicientes personales para intentar salir de una situación de desventaja). O bien, si ese año una entidad fue víctima de un fenómeno natural (pensemos en un huracán, por ejemplo), los recursos de toda la federación se canalizarán para ayudarla porque en ese momento lo necesita más que otras. Lo mismo pasa en una familia: los distintos miembros se ayudan entre sí para superar los retos y dificultades, por ejemplo, si uno de los hermanos tiene una discapacidad, los demás lo apoyarán para salir adelante, y los padres no le darán a todos el mismo trato, sino que procurarán compensar al más débil por sus condiciones físicas.

La solidaridad implica, asimismo, una corresponsabilidad entre las distintas generaciones. No podemos dilapidar hoy los recursos que pueden ser utilizados por la humanidad del mañana. Esto aplica para el ámbito económico y también para el medioambiental. Esto es lo que se conoce como desarrollo humano sustentable.

Al hablar del principio de la solidaridad es inevitable referirnos a Efraín González Morfín. Este destacadísimo mexicano fue candidato presidencial del PAN en 1970, y años después, su presidente nacional. Desarrolló una corriente ideológica denominada *solidarismo* que buscaba hacer énfasis en este pilar humanista en una época en la que parecía que no existía alternativa al individualismo capitalista y al colectivismo marxista. El solidarismo buscaba el cambio democrático de las estructuras sociales que perpetuaban la pobreza y la falta de oportunidades entre amplias capas de la población a partir de las premisas de que el ser humano origina el orden social y que las relaciones humanas son naturalmente solidarias. Esta corriente de pensamiento rechazaba el colectivismo, porque subordina a la persona a los objetivos de la colectividad, pero también tenía la creencia liberal de que el individuo sólo puede ser pleno si enfatiza su autonomía con relación a la sociedad. Efraín decía lo siguiente:

> El desafío propio de nuestra existencia histórica consiste precisamente en tratar de coordinar y de conciliar en forma constructiva, la persona individual con una sociedad formada por personas. Podemos definir la doctrina [del Partido] Acción Nacional como humanismo político basado en la solidaridad responsable entre la sociedad y la persona individual.[10]

En un país con los niveles de pobreza y marginación que tiene México, Acción Nacional debe enfatizar su lucha

---

[10] Efraín González Morfín, *op cit.*, p. 91.

por la justicia y la solidaridad, valores que, como sostiene el economista Amartya Sen, hacen posible una sociedad de libertades, ya no solamente como un principio abstracto, sino como una posibilidad real y efectiva de elegir y construir un futuro mejor.[11]

La subsidiariedad

La palabra *subsidiariedad* proviene del latín *subsidium*, que hace referencia a un cuerpo de reserva en el ejército romano, literalmente significa "el que estaba sentado debajo", detrás, sin combatir, y que intervenía cuando alguna legión se desfondaba. En el fútbol, podríamos decir que es el defensa *líbero* que está atrás de los marcadores que actúa cuando alguno de ellos es rebasado por el delantero del equipo rival. Aplicada a la sociedad, la subsidiariedad significa intervención complementaria y auxiliar de las formaciones sociales mayores a favor de las personas y de las pequeñas comunidades cuando éstas no pueden cumplir adecuadamente con sus tareas.

De esta forma, el principio de subsidiariedad consiste en dar al Estado únicamente aquellas competencias y facultades que rebasen la esfera de acción del hombre individual o de un organismo intermedio. Es el principio mediante el cual el Estado ejecuta una labor orientada al bien común cuando advierte que los particulares no la realizan adecuadamente, sea por imposibilidad o por cualquier otra razón.

En toda sociedad existen organismos intermedios que se ubican entre la persona y el Estado, por ejemplo, universidades, empresas, sindicatos, grupos profesionales, etcétera. Éstos desarrollan funciones de acuerdo con su naturaleza y finalidades, para ello, deben tener autonomía, es decir, no

---

[11] Amartya Sen, *Desarrollo y Libertad*, Barcelona, Planeta, 2000.

debe el gobierno –ni ningún otro grupo en un escalafón superior– entrometerse en su vida propia. Estos organismos intermedios también se conocen como sociedad civil. Toda nación necesita una sociedad civil vigorosa y participativa. Cuando por alguna razón alguno de estos organismos no puede cumplir adecuadamente con su función, el principio de subsidiariedad indica que el ente superior podrá intervenir para auxiliarlo.

Así, la subsidiariedad es un principio de justicia que distribuye competencias y establece lo que le toca a cada ámbito, limita la autoridad pública, evita la omnipotencia del Estado y garantiza el ejercicio de la libertad. Bien entendido y aplicado, es capaz de dar respuestas a muchos dilemas públicos que se presentan de manera cotidiana.

Por el principio de subsidiariedad debe permitirse a los grupos más reducidos todas las funciones y atribuciones que puedan hacer por su propia iniciativa; los organismos de orden superior tienen la única finalidad de ayudar a los grupos inferiores, supliéndolos en aquello que no puedan realizar por sí mismos, sin absorberlos ni destruirlos; un grupo de orden superior puede y debe reemplazar a uno inferior cuando este último manifiestamente no esté en condiciones de cumplir con su función específica.

El principio de la subsidiariedad exige que el Estado intervenga pocas veces en la vida social de forma directa. Su papel propio es fomentar el bien común y poner a su servicio todos los medios naturales y jurídicos que sean necesarios. *Que haya tanta sociedad como sea posible y solamente tanto Estado como sea necesario,* como afirmaba recurrentemente Manuel Clouthier durante su campaña presidencial de 1988. Por eso el número de leyes, decretos, reglamentos y medidas de autoridad debería reducirse al mínimo indispensable y, en cambio, ampliarse, en la medida de lo posible, la esfera de la libertad y de la participación e iniciativa social.

Las formas de burocratización, de asistencialismo y de presencia injustificada y excesiva del Estado violan el principio de subsidiariedad. El asistencialismo provoca la pérdida de energías humanas, así como el aumento exagerado de los aparatos públicos y la generación de clientelas electorales.

La aplicación de la subsidiariedad varía según los tiempos y las circunstancias. Es de suponer, por ejemplo, que en la Europa posterior a la segunda Guerra Mundial, los diferentes estados se vieron obligados a asumir tareas que les permitieran reconstruirse, esto en otras circunstancias hubiera correspondido a los particulares. Sin embargo, una vez que se normalizó la situación, estos últimos y los organismos intermedios debieron recuperar estas funciones.

La política de desarrollo social es un buen ejemplo de aplicación del principio de la subsidiariedad. Podría pensarse que, en un país con tanta desigualdad y tantos pobres como México, la solución sería que el gobierno regalara dinero a todos ellos; esto, sin embargo, no terminaría con la pobreza y, en cambio, sí atrofiaría las capacidades de las personas. Como dice aquel viejo proverbio chino, *si a un pobre le regalas un pescado le darás de comer un día, pero si lo enseñas a pescar, le darás de comer toda la vida.* De esta forma, una política social debe buscar aumentar las capacidades de las personas para que llegue un momento en que éstas puedan salir adelante por sí mismas, sin la ayuda gubernamental. Por desgracia, lo que ocurre en la práctica es que se mantienen los apoyos sin aumentar las capacidades, de tal manera que se genera una situación de dependencia que degenera en clientelismo político.

Otro ejemplo. En meses recientes se ha discutido en México la propuesta que hizo el gobierno federal de crear un mando único policial, que sustituiría a todas las policías municipales. La postura del PAN ha sido acorde con el principio de subsidiariedad: en aquellos casos en que las policías municipales estén cumpliendo bien con su trabajo, deben seguir existiendo, porque eliminarlas traería mayores problemas a las comunidades. Pero en los casos en los que las policías municipales no son lo suficientemente profesionales o, peor aún, están infiltradas por la delincuencia organizada, debe intervenir el mando policial estatal o federal para desempeñar estas funciones. A esta propuesta los diputados del Partido Acción Nacional le asignaron el nombre de *mando policial mixto*.

Las proyecciones doctrinales del PAN

A lo largo de sus casi 80 años de historia, el Partido Acción Nacional ha operado a través de tres proyecciones doctrinales procedentes de los cuatro pilares del humanismo mencionados anteriormente, éstas corresponden a los años 1939, 1965 y 2002. ¿Quiere esto decir que su doctrina se ha transformado con el paso de los años? No. Lo que ocurre es que el mundo contemporáneo es muy diferente al de 1939, por ello, la doctrina del PAN se ha proyectado a partir de las nuevas realidades.

Cuando se llevó a cabo la más reciente proyección de principios en el año 2002, en Acción Nacional se explicó de la siguiente forma:

> Los principios del partido tienen hoy tanta vigencia como en su origen, y sus pilares continúan firmes y valederos. El mundo, sin embargo, ha evolucionado. Algunas tendencias que hace cuatro décadas apenas se avizoraban, hoy están profundamente arraigadas en la sociedad. Otros fenómenos, que entonces no podían anticiparse, han emergido con fuerza ante nosotros. Consecuentemente, es oportuno que el partido señale el rumbo que marca

nuestra concepción doctrinal de la persona, de su libertad y de su responsabilidad social. Es conveniente, asimismo, proyectar sobre los hechos nuevos la luz que aportan los principios de solidaridad y subsidiariedad, para que una sociedad ordenada y generosa concurra a la realización del bien común.[12]

Tabla. *Principios de doctrina del PAN de 1939, 1965 y 2002.*

Fundación 1939	Proyección 1965	Proyección 2002
1. Nación	1. Persona	1. Persona y libertad
2. Persona	2. Política	2. Política y responsabilidad social
3. Estado	3. Estado	3. Familia
4. Orden	4. Orden internacional	4. Cultura y educación
5. Libertad	5. Democracia	5. Nación y mundialización
6. Enseñanza	6. Partidos políticos	6. Desarrollo humano sustentable
7. Trabajo	7. Familia	7. Humanismo económico
8. Iniciativa	8. Municipio	8. Trabajo
9. Propiedad	9. Educación	9. Medio ambiente
10. Campo	10. Trabajo	10. Ciencia e innovación tecnológica
11. Economía	11. Economía	11. Humanismo bioético
12. Municipio	12. Justicia social	12. Campo y ciudad
13. Derecho		13. Municipio y sistema federal
14. Política		

[12] Partido Acción Nacional, *Proyección de Principios de doctrina del Partido Acción Nacional*, 2002 [en línea], disponible en: <https://www.pan.org.mx/wp-content/uploads/2013/04/Principios-de-doctrina-2002.pdf> [consulta: 9 de septiembre de 2017].

Como puede verse en la tabla, entre una *Proyección* y otra se incorporaron nuevos temas, y hay que analizarlos a partir del contexto de la época.

Cuando el PAN se fundó en 1939, el mundo era testigo de los totalitarismos –por un lado, estaba el nacional socialismo y el fascismo y, por el otro, el comunismo– que habían embelesado a buena parte de la intelectualidad occidental; México vivía una enorme inestabilidad política producto de las políticas excluyentes y autoritarias de Lázaro Cárdenas, quien estaba consolidando un régimen presidencialista y corporativo, con un partido oficial hegemónico y controlador de toda la vida social. Frente a ello, los fundadores de Acción Nacional pusieron los acentos en las libertades, la propiedad, el orden y la identidad nacional.

En 1965 comenzó a consolidarse la vía electoral –por la que el PAN apostó desde su fundación– como la más viable para transformar el régimen. Surgieron nuevos partidos en una sociedad cada vez más plural. De ahí que esta *Proyección*, impulsada por el presidente panista Adolfo Christlieb, incorporara la democracia y los partidos políticos como principios de doctrina. También se hizo énfasis en la justicia social, la cual estaba muy lejos de ser alcanzada, a pesar de que el régimen revolucionario justificaba su propia existencia en conseguir dicha meta. Es la época en que surgieron diversos movimientos sociales en toda Iberoamérica, muchos de ellos inspirados en las enseñanzas de la Iglesia católica después del Concilio Vaticano II; estos movimientos sociales tuvieron una gran influencia en muchos panistas.

La *Proyección* de 2002 hizo frente a la nueva realidad de la alternancia política, la cual condujo al PAN al gobierno federal con el histórico triunfo de Vicente Fox en las elecciones de 2000. Luis Felipe Bravo Mena, entonces presidente del partido, entendió que Acción Nacional debía hacer frente a esa novedosa condición, así como a la transformación profunda y vertiginosa que el desarrollo científico y tecnológico estaba ocasionando en el mundo entero. Por eso se incluyeron temas como la bioética, que antes ni siquiera estaba en el radar ideológico de nadie, o la necesidad de que el desarrollo fuera sustentable. También, en un mundo cada vez más globalizado, se introdujo el término *mundialización*, como una propuesta del humanismo político en la agenda internacional. Dos años después, en 2004, se aprobó un nuevo Programa de Acción Política, inspirado en esta *Proyección* doctrinaria.

¿El PAN es un partido liberal o conservador?

A lo largo de la historia, diversas ideologías han atravesado el mundo de las ideas y han obligado a los partidos y líderes políticos a tomar una postura en torno a ellas. Sabido es que el siglo xix en México estuvo marcado por las pugnas entre los llamados liberales y conservadores, por lo que estos dos términos parece que están enfrentados. Ante esta hipótesis, cabe la pregunta de si la doctrina del Partido Acción Nacional es liberal o conservadora.

El liberalismo es una corriente de pensamiento particularmente diversa: hay muchos, distintos e, incluso, contradictorios entre sí. Nada tienen que ver los liberales de Estados Unidos (situados en la izquierda valórica y social) con los de Europa (corridos hacia la derecha económica), ni los del siglo xix con los del xxi. En algunos contextos, liberal se entiende como una postura de defensa del individuo frente a las intromisiones del Estado, mientras que en otros es aquél que asume posturas progresistas en materias morales y sociales, no importando si para ello es necesario un Estado poderoso. Pertenecen a la gran familia del liberalismo tanto Robert

Nozick, libertario cercano al anarquismo, como John Rawls, considerado el ideólogo de la socialdemocracia.

Sin embargo, si repasamos los postulados del liberalismo clásico, sí podemos extraer algunas premisas generales. En primer término, el liberalismo está a favor de la libertad individual frente a las restricciones que a la misma –y con diversos pretextos– pudiera imponer el Estado; esta libertad individual se desdobla en libertades públicas como la educativa, económica, comercial, religiosa, de expresión, entre otras. Relacionado con lo anterior, el liberalismo desconfía de las estructuras burocráticas obesas e intervencionistas construidas supuestamente para resolver los problemas del ser humano; prefiere la participación activa de los ciudadanos y de los cuerpos intermedios de la sociedad a través del principio de la subsidiariedad –uno de los pilares del humanismo político del PAN, como ya vimos– y que el Estado únicamente intervenga cuando sea verdaderamente necesario para construir el bien común. Además, el liberalismo rechaza las nociones colectivistas, defendiendo los derechos individuales sobre quienes pretenden anteponer la lógica tribal o grupal a los intereses propios de cada persona. Finalmente, la igualdad ante la ley e imparcialidad del Estado es otra de las afirmaciones básicas del liberalismo.

Un auténtico liberal defiende también la libertad para discutir ideas diferentes y combate la imposición ideológica de pensamientos únicos, así estén disfrazados con los elementos de la corrección política, como ocurre con frecuencia en la actualidad.

Estas ideas generales dan forma al liberalismo político clásico, que busca un gobierno constitucional basado en la separación de poderes, las libertades públicas y la fiscalización permanente de la autoridad para evitar la corrupción.

En este sentido, el PAN es un partido que, sin duda, ha defendido valores que han sido identificados como propios del mundo liberal. La lucha por la democracia y la libertad de expresión; la afirmación del federalismo, el Estado de derecho y la división de poderes; la cultura de la transparencia y rendición de cuentas y la apuesta por la participación cívica son elementos fundamentales de la historia de Acción Nacional y son también postulados que fortalecen las libertades de las personas y ponen límites a los poderes del Estado. En este sentido, el PAN es el partido más liberal de México y su contribución en este terreno no es puesta en duda por pensadores serios e independientes.

¿Cuáles son los postulados más importantes del pensamiento conservador? Más que una ideología, el conservadurismo es una actitud que observa con profundo recelo las promesas para construir hombres nuevos y paraísos terrenales a través de caudillos, cambios abruptos y revoluciones que redimirán a las sociedades. El británico Michael Oakeshott lo señala de la siguiente manera:

> Ser conservador consiste en preferir lo familiar a lo desconocido, lo contrastado a lo no probado, los hechos al misterio, lo real a lo posible, lo limitado a lo ilimitado, lo cercano a lo distante, lo suficiente a lo superabundante, lo conveniente a lo perfecto, la felicidad presente a la dicha utópica. Las relaciones y las lealtades familiares serán preferidas a la fascinación de vínculos potencialmente más provechosos. El adquirir y aumentar será menos importante que el mantener, cuidar y disfrutar.[13]

Así, un conservador defiende las tradiciones, puesto que sabe que sin pasado no hay futuro, y el ser humano pierde identidad y sentido de pertenencia sin un asidero histórico. Esto no significa vivir anclado al pasado, sino buscar

---

[13] Michael Oakeshott, *La actitud conservadora*, Madrid, Ediciones Sequitur, 2009, pp. 47-48.

un cambio gradual, priorizando la reforma antes que la revolución destructora. Decía Karl Popper que las instituciones
solas nunca son suficientes si no están atemperadas por las
tradiciones, porque éstas establecen una especie de vínculo
entre las instituciones, las intenciones y evaluaciones de las
personas individuales.[14]

Desde su fundación, Acción Nacional promovió el cambio gradual y el reformismo institucional en nuestro país.
También ha sido un gran defensor de las tradiciones y la identidad nacional, por ejemplo, en sus *Principios de doctrina* de
1939 define a la nación como "una realidad viva, con tradición
propia varias veces secular, con unidad que supera toda división en parcialidades, clases o grupos, y con un claro destino
[...] Cuanto vigorice la unidad nacional, acendre y fortalezca
los valores tradicionales que dan forma y sentido a la nación,
y coordine y jerarquice justamente los intereses parciales en
el interés nacional, debe tener el apoyo pleno de la colectividad y de sus órganos".[15]

En este sentido, la filosofía política de Acción Nacional
toma elementos conservadores de la tradición de pensadores
como Alexis de Tocqueville, Edmund Burke o Lucas Alamán.

Como se aprecia, hay muchos puntos de encuentro entre el liberalismo clásico y la actitud conservadora. Los liberales clásicos creían en una libertad ordenada, tal y como lo
señalan los fundadores de la primera democracia liberal en
Estados Unidos. La virtud personal permite así que los ciudadanos hagan uso responsable de su libertad. La sociedad

[14] Karl Popper, *La opinión pública y los principios liberales* [en lí-
nea], Asociación de jóvenes para el desarrollo, disponible en: <http://aso
jodcr.blogspot.mx/2008/12/opinion-pblcia.html> [consulta: 24 de mayo
de 2017].

[15] Partido Acción Nacional, *Principios de doctrina del Partido
Acción Nacional* [en línea], disponible en: <https://www.pan.org.mx/
wp-content/uploads/2013/04/Principios-de-doctrina-1939.pdf> [consul-
ta: 9 de septiembre de 2017].

libre solamente es posible si los ciudadanos cultivan virtudes como el respeto a la ley, el trabajo, el esfuerzo, el cumplimiento de la palabra dada, la tolerancia, la moderación, etcétera.

Por otro lado, Acción Nacional siempre ha defendido a la familia, actitud que algunos asocian con el pensamiento de los conservadores porque es una institución recipiente de valores y tradiciones perdurables. La familia es el lugar privilegiado para la educación de las personas, es el espacio en el que se aprenden virtudes y se forman ciudadanos responsables. Por eso es que su desintegración tiene efectos tan devastadores en las sociedades y en la maduración de las personas. Y es que la familia provee a los individuos de un conjunto de bienes indispensables para su desarrollo –afectividad, cuidado y sustento–, por lo que si se debilita o ya no puede llevar a cabo algunas de sus funciones, el Estado entra en su reemplazo con mucha menor eficiencia y suele intentar llenar, de manera muy imperfecta, el vacío dejado por las familias disfuncionales.

Como puede verse, hay ideas y posturas tanto liberales como conservadoras en la doctrina panista. Por eso, y a pesar de que todas las etiquetas ideológicas siempre son discutibles, bien se puede afirmar que, al igual que otros partidos afines, el PAN es liberal-conservador. No obstante, para evitar malos entendidos, Acción Nacional siempre se ha definido como un partido humanista, en el significado que hemos explicado en estas páginas.

Tesis programáticas del PAN

En el capítulo anterior hablábamos acerca de la doctrina del Partido Acción Nacional (PAN), desde un punto de vista teórico y conceptual. Decíamos que recibe el nombre de humanismo político y está cimentada en cuatro pilares: la eminente dignidad de la persona humana, el bien común, la solidaridad y la subsidiariedad. Ahora bien, a partir de esos principios de doctrina, que por definición son universales y generales, y que en sí mismos no incluyen soluciones concretas a asuntos coyunturales, es posible desdoblar tesis ideológicas y programáticas en los diferentes temas que son de interés público. De esas tesis se derivan, a su vez, las propuestas específicas que conforman las plataformas electorales, las agendas legislativas y los programas de gobierno del partido.

Como se verá a continuación, las tesis programáticas de Acción Nacional buscan ser congruentes y consistentes con el humanismo político. Eso es lo que da una identidad ideológica al partido y lo que le ha permitido ser distinto y distinguible de los demás a lo largo de los años. Por supuesto que las circunstancias cambiantes del mundo y de la sociedad mexicana exigen que estas tesis se actualicen y proyecten de forma novedosa, pero a partir de principios que no mutan. A diferencia de otros partidos que han hecho del oportunismo ideológico su modo de vida, el PAN tiene ideas claras y coherentes que acompañan su participación en la vida pública.

Ahora analizaremos la visión que el PAN tiene de la economía, la política social, la educación, la familia, el Estado de derecho y la seguridad ciudadana, el federalismo, la democracia, la transparencia y la lucha contra la corrupción, la libertad religiosa y la laicidad, y las relaciones internacionales, a partir de sus documentos básicos y los acentos que han puesto varios de sus líderes más destacados a lo largo de las décadas, tanto desde la oposición como desde el gobierno.

La economía

Cuando el PAN nació en 1939, el mundo se encontraba dividido entre dos visiones económicas antagónicas, que se polarizarían aún más después de la segunda Guerra Mundial. Por un lado, estaba el capitalismo individualista, que postulaba una total libertad en materia económica y que el Estado se abstuviera de cualquier intervención para que el mercado ordenara de manera automática la oferta y la demanda y fijara los precios; de esta forma, la *mano invisible* de este último y el interés egoísta de cada uno de sus agentes lograría, en el agregado, una prosperidad general. En el lado opuesto estaba el socialismo colectivista, que buscaba la igualdad y abatir la injusticia social por medio de una economía totalmente planificada centralmente por el Estado, restringiendo la propiedad privada, la libertad económica y cualquier iniciativa de tipo individual.

Frente a estos dos extremos, igualmente ilusorios y perniciosos en sus efectos contra la dignidad humana, Acción Nacional defendió un Estado que tuviera autoridad, pero no propiedad en la economía nacional, es decir, que interviniera lo justo pero sin ahogar nunca la iniciativa particular; que creara los medios y las instituciones indispensables para dar agilidad, eficacia y orientación a la economía y que evitara la consideración de la persona como instrumento de la economía sin tener en cuenta sus valores humanos y su dignidad.

Estos postulados fueron sistematizados años después en la doctrina de la economía social de mercado (ESM), propuesta por pensadores alemanes a finales de los años cuarenta, y que pronto hicieron suya los partidos demócrata cristianos y humanistas en el mundo entero.

La ESM pretende combinar la libre iniciativa con el avance social y, para ello, considera indispensable acompañar la política económica con una política social que compense a los más desfavorecidos para así garantizar igualdad de oportunidades –no de resultados, los cuales dependen del mérito y el esfuerzo de cada quien–, y que también permita que más personas puedan acceder a la propiedad privada y a la formación de un patrimonio propio. Es decir, las medidas económicas deben regirse por criterios sociales, pensando siempre en los menos aventajados, pero, al mismo tiempo, las intervenciones estatales tienen que ser acordes con el mercado: no deben dificultar la interacción de la oferta y la demanda.

La experiencia de los países desarrollados nos muestra mercados poderosos, pero nunca ajenos a la orientación de un Estado que participa en aquellas áreas en donde la iniciativa individual no tiene interés ni incentivos en hacerlo. La libertad sólo es tal cuando se garantiza la igualdad de oportunidades.

Asimismo, las decisiones económicas deben procurar un desarrollo que sea sustentable en el mediano y en el largo plazos, es decir, no se justifican medidas que puedan poner en riesgo el potencial de las generaciones futuras o que supongan un déficit futuro de recursos humanos, económicos o medio ambientales. Así, el crecimiento económico no puede producirse a costa del medio ambiente; tampoco a través del endeudamiento irresponsable. Ambas medidas –depredación medioambiental y endeudamiento irresponsable– pudieran generar, en apariencia, un desarrollo ficticio en el corto plazo, pero comprometen el futuro de las generaciones por venir. De ahí que el desarrollo deba ser sustentable.

Política de competencia económica

La visión sobre la economía que el PAN comparte considera que el Estado debe intervenir para garantizar que el mercado funcione correctamente y que exista competencia, lo cual no ocurre cuando se presentan los monopolios. En otras palabras, cuando un solo oferente, sea público o privado, acapara todo o gran parte del mercado. Los monopolios dan como resultado productos caros y de mala calidad, mientras que la competencia incentiva que bajen los precios y que mejore la calidad, ya que las empresas *competirán* entre sí para conquistar la preferencia del consumidor, el cual, además, tendrá mayor libertad de elección. Por lo tanto, deben existir instituciones que velen por la competencia en los mercados y que impidan la concentración de la producción en pocas manos.

Por eso, el PAN apoyó en su momento reformas como la energética o la de telecomunicaciones: era indispensable que se abrieran estos mercados para ofrecer mejores servicios a los consumidores y a un menor precio. En el caso de la reforma energética, el problema ha sido la mala implementación por parte del gobierno priista y que, además, tardó muchos años en llevarse a cabo.

Recientemente, el presidente nacional del PAN, Ricardo Anaya, habló en un *videoblog* de cómo la falta de competencia en el mercado de las medicinas hace que éstas sean muy caras y que no estén al alcance de los más necesitados. Esto se debe a que la industria farmacéutica en México es controlada por un pequeño grupo de empresas que establecen los precios, los cuales no dejan de subir. La misma situación puede verse en otros mercados de productos básicos y de muchos otros servicios.

En varios estados, los gremios de taxistas, por ejemplo, se han inconformado por la entrada al mercado del servicio privado de transporte Uber. Lo peor es que algunos gobiernos estatales, con tal de mantener el apoyo político de estos sindicatos de taxistas, han cedido a sus presiones, a pesar de que lastiman con ello a los usuarios que requieren trasladarse y a los que la empresa privada les proporciona un servicio de mucha mejor calidad y a un menor precio. Para que nos demos una idea: un trayecto del aeropuerto a mi casa en uno de los taxis oligopólicos que ahí prestan el servicio cuesta 280 pesos, mientras que ese mismo recorrido en Uber cuesta alrededor de 120 pesos. Por eso, ya es muy común ver en el aeropuerto a las personas solicitando este último servicio, mientras que las casetas de los taxis, llenas hasta hace algunos meses, ahora están vacías. No es casualidad que las tres empresas que se han adueñado del servicio de taxis en el aeropuerto le hayan declarado la guerra a su competencia –incluso con agresiones físicas–, en vez de prestar un mejor servicio y buscar la manera de cobrar menos al usuario.

Cualquier forma de monopolio supone ineficiencia en la economía, además de que afecta a los consumidores con peores y más caros productos. Ante esto, es necesario fortalecer a la Comisión Federal de Competencia y que las autoridades impongan medidas pro competencia y contrarias a cualquier tipo de monopolio.

Finanzas públicas sanas y estabilidad de precios

Para que un país pueda alcanzar el desarrollo, es indispensable que maneje sus finanzas de manera ordenada. En la economía nacional pasa exactamente igual que en la de un hogar: un endeudamiento excesivo puede traer un aparente beneficio inmediato pero compromete el futuro. En los últimos años hemos visto cómo muchos gobiernos estatales, mayoritariamente priistas, se han endeudado de manera irresponsable con tal de obtener beneficios electorales –y, en muchos casos, personales–, pero esta estrategia de ninguna manera es sustentable para la población en el corto y en el mediano plazos. Muchos gobiernos locales, y también el federal, suelen gastar más de lo que ingresan, incurriendo así en un déficit público que tarde o temprano traerá consecuencias negativas para sus economías.

Por otro lado, debe buscarse la estabilidad económica y de precios, porque así se evita la inflación, que –está comprobado– afecta más a los que menos tienen. La inflación incrementa la pobreza porque quita el valor de los salarios reales y esto también va en detrimento de la igualdad. Ya lo vivimos en México durante los años ochenta, cuando llegamos a tener tasas de inflación de tres dígitos al año al mismo tiempo que crecía la pobreza. Por ello, es necesario que exista un banco central verdaderamente independiente, para que la emisión del dinero no esté al servicio de la estrategia política o electoral del gobierno en turno.

Durante 2017 hemos visto una preocupante tendencia inflacionaria en nuestro país. Esto puede deberse, entre otras cosas, a dos motivos: por un lado, la devaluación del peso frente al dólar, que a lo largo de este gobierno ha sido de más de 60%. En una economía con tantos intercambios comerciales con Estados Unidos es iluso pensar que la devaluación de la moneda no se traducirá en productos más caros para el consumidor final; y, por otro lado, el aumento en el precio de la gasolina, consecuencia de la estrategia fiscal del gobierno –ya que más de 40% del precio de la gasolina son impuestos–, ha ocasionado un aumento generalizado de precios.

Como hemos dicho, la inflación lastima más a quien menos tiene. Por eso, en Acción Nacional hemos insistido constantemente en atacar las causas de la inflación a fin de tener estabilidad económica.

Libre comercio

El PAN siempre ha favorecido al libre comercio, ya que considera que la apertura comercial trae varios beneficios. Por un lado, los consumidores tienen acceso a una mayor cantidad de bienes, por lo que tienen más libertad para elegir en calidad y precio, lo que se traduce en un mejor nivel de vida. Por otro lado, permite a las economías especializarse y producir de manera más eficiente. Asimismo, el libre comercio fomenta el desarrollo tecnológico e incentiva a las empresas a innovar para poder hacer frente a la competencia. En cambio, las medidas proteccionistas traen consigo menores y peores bienes y servicios, así como economías estancadas.

En el caso de México, la apertura comercial además facilitó el tránsito hacia la democracia electoral, puesto que diversos países como Estados Unidos y Canadá pusieron como condición para negociar con nuestro país un tratado de libre comercio, que se respetaran los derechos políticos de los ciudadanos y que se dejaran de hacer fraudes electorales. En este sentido, el libre comercio también fomenta el Estado de derecho y puede contribuir a disminuir la corrupción.

El Tratado de Libre Comercio con América del Norte ha traído diversos beneficios para México, sobre todo en cuanto a la creación de empleos, ya que ha permitido el desarrollo de la industria manufacturera, además de abrir mercados de bienes y servicios donde empresas mexicanas han impulsado sus ventajas comparativas.

A pesar de las claras ventajas de la apertura comercial, el libre comercio no es una realidad en todo el mundo. Incluso, los tratados que existen están llenos de candados y excepciones. Esto se debe básicamente a la presión que ejercen ciertos grupos de poder que no desean competir con empresas de otros países, por lo que exigen al gobierno que proteja sus utilidades e intereses bajo el argumento de que la libertad comercial plena ahogaría sus industrias, las cuales –hay que decirlo– operan de manera ineficiente en muchos casos. Sectores agrícolas en todo el mundo, y también en México, han logrado subsidios millonarios con el pretexto de que son estratégicos para la economía nacional; pero lo que en realidad ha ocurrido es que sus líderes han hecho pactos corporativos con diversos partidos para mantener los privilegios que tienen y que no necesariamente coinciden con los de sus trabajadores. Como es evidente, estos intereses clientelares van en detrimento del bien común.

Política fiscal

Un tema fundamental cuando se habla de economía es la política fiscal, es decir, la relacionada con los impuestos y cómo el Estado los utiliza para cumplir con sus funciones.

México es un país que históricamente ha recaudado mal y poco. Al inicio de la década actual, su percepción tributaria era casi una tercera parte del promedio de los países que forman parte de la Organización para la Cooperación y el Desarrollo Económico (ocde), y la mitad del promedio de los países de América Latina, con sólo 9.5% del producto interno bruto (pib).[16] Además, se pensaba, con justificación, que el gobierno no hacía un buen uso de los impuestos que cobraba a los ciudadanos, y que en muchas ocasiones estos recursos terminaban en las cuentas de banco de los gobernantes y políticos. Es por eso que durante los gobiernos panistas de

[16] María Amparo Casar, "Los mexicanos contra los impuestos", *Nexos*, 1 de noviembre de 2013.

Vicente Fox y Felipe Calderón se intentaron varias reformas fiscales que persiguieran, entre otros, los siguientes objetivos:

- Incrementar la recaudación. Como ya se mencionó, era indispensable aumentar los ingresos tributarios para poder hacer frente a los retos que debía atender el Estado mexicano.
- Ampliar la base gravable. En el país hay una enorme cantidad de personas que no pagan impuestos y, en cambio, unos pocos son los que más contribuyen. Por eso, es necesario reducir la informalidad. Según datos del Instituto Nacional de Estadística y Geografía (Inegi), el número de mexicanos que trabajan en la economía informal es de casi 60% de la población ocupada, y representan alrededor de 23% del PIB de nuestro país.[17] Estas personas no pagan impuestos y tampoco tienen acceso a servicios como la seguridad social (salvo que se hayan afiliado al Seguro Popular). Si se amplía la base gravable, es posible disminuir las tasas para que muchos paguen pocos impuestos. Hoy pasa al revés: pocos pagan mucho, lo cual es tremendamente injusto.
- Simplificar el sistema fiscal. México tiene un sistema fiscal tremendamente engorroso: pagar impuestos es complicado y requiere un alto conocimiento técnico. Esto tiende a generar la evasión, por un lado, y sofisticados métodos contables para eludir el pago de impuestos, por otro.
- Combatir la evasión. Se calcula que la tasa de evasión en nuestro país asciende a 27%, como porcentaje de la

---

[17] Instituto Nacional de Estadística y Geografía, *Medición de la Economía Informal* [en línea], disponible en: <http://www.inegi.org.mx/est/contenidos/proyectos/cn/informal/> [consulta: 25 de marzo de 2017].

recaudación potencial. Esto equivale a 3% del PIB, una cifra altísima en perspectiva comparada.

Por desgracia, la mezquindad de los partidos de oposición, particularmente del Partido Revolucionario Institucional (PRI), impidió que se aprobara una reforma fiscal integral durante los 12 años que el PAN encabezó el gobierno federal. En 2013, cuando el PRI regresó a la presidencia, impulsó una reforma fiscal que ciertamente incrementó la recaudación, pero con un costo muy alto y no combatió de fondo los males de nuestro sistema hacendario.

La reforma fiscal del presidente Peña Nieto simplemente consistió en cobrar más a los que ya pagaban, incrementando el Impuesto sobre la Renta (ISR) y homologando la tasa de Impuesto al Valor Agregado (IVA) en los estados fronterizos; además, aumentó el déficit e impuso IVA en alimentos chatarra, bebidas azucaradas y comida para mascotas, entre otras cosas. Ciertamente, subieron los ingresos tributarios a niveles récord –ahora son de alrededor de 14% del PIB–, pero esa reforma fiscal no combatió ninguno de los males endémicos de nuestro país en esta materia: informalidad, evasión, base gravable pequeña, sistema fiscal complicado y costoso. En lugar de equilibrar las finanzas públicas y aplicar planes de austeridad, lo que hizo la administración con esos nuevos recursos fue aumentar el gasto, tapar los hoyos fiscales y los endeudamientos de los gobernadores corruptos de varios estados.

Es un error pensar que altos impuestos a los sectores productivos generan una mejor redistribución de la riqueza, tesis defendida tradicionalmente por la izquierda. Por el contrario, pueden ocasionar un desaliento a la inversión y, por tanto, a la creación de empleos y al crecimiento económico. En el caso de las empresas, un impuesto sobre la renta elevado disminuye sus utilidades y la posibilidad de que estas últimas sean reinvertidas de forma productiva, lo que reduce el crecimiento de la economía. Hay indicios para pensar que eso ha ocurrido en México con la reforma fiscal de 2013.

De manera natural, el crecimiento económico traerá consigo un mayor ingreso para el Estado. Si a las empresas y a los particulares les va mejor, pagarán más impuestos, por lo que el gobierno tendrá más recursos para atender sus funciones y aplicar políticas sociales para los sectores más marginados.

A finales de 2016 aumentaron significativamente los precios de los combustibles como consecuencia de la política fiscal, esto fue el llamado *gasolinazo*. Y es que alrededor de 40% del precio de la gasolina son impuestos y su alto precio se ha traducido en inflación. Nuevamente vemos un gobierno federal que en aras de tener una alta recaudación –sin saber exactamente cómo traducirla en mejores bienes públicos– está dispuesto a sacrificar el bienestar de la mayoría de los ciudadanos.

Al hablar de impuestos, es imposible dejar de referirse a las tareas que debe asumir hoy el Estado. En México, al igual que en buena parte de occidente, hay un Estado con demasiadas responsabilidades y con una estructura burocrática muy obesa. Es consecuencia de esa especie de consenso socialdemócrata extendido por todo el mundo que asegura que éste debe ser el motor del desarrollo, el proveedor de todo tipo de bienes y servicios, y el garante no solamente de los derechos –lo cual sería plausible– sino también de los deseos y aspiraciones de los ciudadanos. Aunado a lo anterior, se han combatido los altos índices de pobreza en nuestro país mediante programas sociales, que han estado mal diseñados en no pocas ocasiones, pero que han sido tremendamente efectivos para mantener lealtades y clientelas electorales, mas no para reducir la pobreza. De esta forma, actualmente abundan dependencias públicas que se duplican al interior del propio gobierno federal, en la federación, los estados y los municipios;

asimismo, existen programas sociales asistencialistas que no han demostrado ser eficaces a la hora de sacar adelante a una población en una situación de desventaja, pero sí para movilizarla electoralmente en favor de algunos partidos. Urge reestructurar al Estado mexicano desde la perspectiva de la subsidiariedad para que deje de ser ese ogro filantrópico del que hablaba Octavio Paz y canalice de mejor manera los recursos que extrae fiscalmente de los ciudadanos. De esa forma, ya no será necesario cobrar los impuestos tan altos que hoy en día se obtienen de una minoría de mexicanos.

Por tanto, sigue siendo urgente una reforma fiscal que considere los objetivos arriba señalados de manera integral, y también busque reducir el gasto desordenado de muchísimas dependencias del Estado mexicano, así como la duplicidad de programas y la proliferación de proyectos improductivos que solamente cuestan a los ciudadanos. En este sentido, también hace falta que los estados y municipios desarrollen una capacidad mucho mayor para cobrar impuestos y depender menos de las participaciones federales.

Política laboral

En la economía social de mercado, doctrina que como hemos visto comparte el PAN, los salarios juegan un papel fundamental. Hace algunos años, Acción Nacional presentó una iniciativa popular para aumentar el salario mínimo y situarlo por encima de la línea de bienestar establecida por el Consejo Nacional para la Evaluación de la Política de Desarrollo Social (CONEVAL). A muchos les llamó la atención. ¿Cómo era posible que un partido que no es de izquierda presentara una iniciativa semejante? Sin embargo, esa propuesta era totalmente acorde con la doctrina panista.

En materia laboral y de salarios, los grandes pensadores del humanismo y de la economía social de mercado han rechazado que el trabajo sea una simple mercancía sujeta a la oferta y a la demanda, porque lo que está en juego es la dignidad humana. Efraín González Luna sostenía que el trabajo del hombre desborda el ámbito personal y tiene la virtud de servir otras vidas, y es un agente insuperable de solidaridad y de amor. La dignidad personal del trabajador impide que su sueldo deba ser simplemente la intersección entre las curvas de la oferta y la demanda, por lo que debe garantizar sus necesidades familiares al mismo tiempo que incentivar el aumento de su productividad. Más que generar inflación, el aumento en el salario mínimo puede producir una reactivación del mercado interno a partir de un mayor consumo de las familias.

Sin embargo, también es cierto que el anhelo loable por defender los intereses y derechos de los trabajadores debe evitar caer en aquellas rigideces de la legislación que terminan afectando al propio trabajador. El marco jurídico mexicano en materia laboral se inspiró, durante décadas, en la visión marxista de la lucha de clases, en donde se consideraba que los patrones y los empleados eran enemigos a muerte. A partir de esta premisa, se sobrerreguló esta relación supuestamente para proteger al trabajador, pero se terminó generando un enorme mercado negro de informalidad, así como desempleo y un sinnúmero de conflictos legales. Una cierta flexibilidad en la legislación laboral favorece la contratación e incentiva la especialización de los trabajadores, quienes, al ser más competitivos y productivos, podrán encontrar constantemente mejores oportunidades de empleo. Además, hay que tomar en cuenta que las nuevas tecnologías permiten realizar muchos trabajos desde el propio hogar, o en modalidades distintas a las tradicionales, por lo que la legislación laboral debe evolucionar a la par de estas transformaciones. De esta manera, podrán incorporarse a la fuerza de trabajo algunos sectores que hoy tienen dificultades para acceder, como las mujeres, los jóvenes o los adultos mayores. Es necesario considerar la posibilidad de contratos especiales para adecuar horarios y jornadas de trabajo.

A diferencia de otros, el PAN no se asume como un partido al servicio de una clase social. No es el partido de los obreros, o el de los empresarios o el partido de los campesinos. Aspira a ser el de todos los mexicanos, a partir de la necesidad de que todos los sectores, grupos y clases trabajen solidariamente en la construcción del bien común. Las relaciones laborales no necesariamente tienen por qué ser un juego de suma cero en donde lo que ganen unos lo pierden otros; por el contrario, es posible alinear los incentivos de todos los sectores hacia el interés general.

La política social

México es un país con cifras de pobreza y de desigualdad verdaderamente alarmantes. Según el CONEVAL, 46.2% de la población vive en situación de pobreza, lo que equivale a 55.3 millones de personas. Y 9.5% de la población vive en situación de pobreza extrema, alrededor de 11.4 millones de mexicanos.[18]

De acuerdo con este Consejo, son pobres todas aquellas personas que se encuentran por debajo de la línea de bienestar económico, es decir, que ganan menos de 2 542 pesos al mes en promedio en el medio urbano y 1 614 en el medio rural; y forman parte de la pobreza extrema quienes viven por debajo de la línea de bienestar mínima, que equivale a ganar menos de 1 242 pesos al mes en el medio urbano y 868 al mes

[18] Consejo Nacional para la Evaluación de la Política de Desarrollo Social, *Evolución de las dimensiones de la pobreza, 1990-2014* [en línea], disponible en <http://www.coneval.org.mx/Medicion/EDP/Paginas/Evolucion-de-las-dimensiones-de-la-pobreza-1990-2014-.aspx> [consulta: 15 de marzo de 2017].

en el medio rural. Esta pobreza extrema –o miseria– atenta claramente contra la dignidad de la persona, por lo que exige acciones decididas para combatirla por parte del Estado y de la sociedad, aplicando los principios de solidaridad y subsidiariedad.

Por otro lado, México es un país con una gran desigualdad, en diversos sentidos. El coeficiente de Gini, que mide precisamente la distribución del ingreso, es de 0.472 para México, situándolo en el lugar 123 del mundo. Dicho de otra manera: nuestro país es de los más desiguales del planeta porque la riqueza está concentrada en unas cuantas manos. Tenemos a destacados compatriotas en la lista de los hombres más ricos del mundo, al mismo tiempo que regiones del país con niveles de pobreza similares a los del África subsahariana.

¿Qué hacer ante esto? Sin duda, puede haber una multiplicidad de alternativas. Precisamente en la forma en la que los diferentes partidos abordan el tema de la política social pueden encontrarse diferencias doctrinales e ideológicas notables.

Lo primero que habría que decir es que la mejor política social es una buena política económica. Está comprobado que cuando se genera riqueza y la economía crece, también hay un aumento en el ingreso de las personas y esto permite superar condiciones de pobreza. Es el camino que han seguido aquellas naciones que hoy tienen los mayores índices de bienestar. De la misma manera, cuando hay crisis económicas recurrentes o la inestabilidad económica produce inflación, los más afectados son los más pobres, así como quienes forman parte de la clase media. De ahí la necesidad de tener finanzas públicas sanas, combatir la inflación y generar condiciones para atraer inversiones y crear empleos, favoreciendo a las micro y pequeñas empresas. Por supuesto, el gobierno no genera los empleos, sino que debe propiciar un ambiente para que los particulares puedan crearlos y de esa manera se produzca el desarrollo y la prosperidad. Estas condiciones son, entre otras cosas, la seguridad pública, la lucha contra la corrupción, la simplificación administrativa y el respeto a la ley y al Estado de derecho. En esto también juega un papel importante la política fiscal, que vimos en el apartado anterior, si se imponen altos impuestos a los sectores productivos, éstos se verán impedidos a crear más empleos, lo cual redundará en una mayor pobreza.

Sin embargo, en un país con la pobreza y la desigualdad de México, una buena política económica es necesaria pero no suficiente. Hay que aplicar diversas medidas compensatorias que combatan directamente la pobreza. Esta última también es una premisa de la economía social de mercado de la que hablábamos. Hay quienes piensan que para superar la pobreza deben hacerse transferencias de recursos, vía gasto, para los sectores menos aventajados. Dicho de otra manera: regalarles dinero. Es indudable que las transferencias se tienen que hacer, pero siempre por medio de programas bien diseñados que eviten efectos negativos o consecuencias no buscadas. En nuestro país, por desgracia, hemos sido testigos de cómo los programas sociales se han utilizado como estrategia electoral de muchos gobiernos, sin generar realmente mejores condiciones de vida para los sectores más pobres de la sociedad.

Desde la perspectiva del humanismo, una adecuada política social debe estar basada tanto en el principio de la solidaridad como en el de la subsidiariedad. La solidaridad es necesaria para que quienes tienen más puedan ayudar a los que tienen menos, y esto se puede lograr por la vía de la política fiscal, siempre y cuando no se castigue a los sectores productivos y se estimule a aquéllos que, desde la sociedad civil y la asistencia privada, apoyan a los menos favorecidos. La subsidiariedad es necesaria también para que no se caiga en el paternalismo estatal. Profundizaremos en ello.

Una política social que simplemente reparta recursos entre los sectores menos aventajados de la sociedad sin aumentar sus capacidades, tiende a crear clientelas electorales al servicio del partido en el gobierno, el cual utiliza esos recursos para generar una perversa relación de dependencia; de esta forma, al partido que reparte esos recursos le conviene que sigan existiendo sectores desfavorecidos, para que voten por él gracias a sus dádivas. Es lo que históricamente ha hecho el pri en todo el país. Además, una política así produce un parasitismo social y crea ciudadanos irresponsables y acostumbrados a estirar la mano esperando todo del gobierno en turno, el cual se empodera de manera desproporcionada y cercena espacios de libertad.

En cambio, una política social solidaria y subsidiaria, como la que defiende el pan, busca aumentar integralmente las capacidades de las personas, de tal manera que quienes son receptores de un programa social porque están en la pobreza, puedan salir de esa situación y no necesitar más de éste, puesto que ya fueron capaces de subsistir por sí mismos y consolidar un patrimonio propio independiente de los apoyos gubernamentales. Al aumentar las capacidades de las personas, se igualan las oportunidades.

Así, el éxito de una política social consiste en la cantidad de personas que superan un estado de dependencia y de desventaja, más que en el número de individuos que beneficia o la cantidad de recursos que ejerce. De ahí la necesidad de evaluar constantemente la política social, para darnos cuenta si los recursos que se están destinando a la superación de la pobreza están cumpliendo con sus objetivos o si, por el contrario, solamente están creando relaciones de dependencia y clientelas electorales, así como perpetuando condiciones de marginación.

En este sentido, para que las personas puedan salir adelante por sí mismas y ser productivas, también es necesario democratizar el acceso al crédito, al financiamiento popular y a la capacitación microempresarial. Así, los pequeños emprendedores podrán salir adelante y crear empleos.

Este modelo de política social se implementó durante los 12 años que el PAN estuvo en el gobierno federal. Se creó el programa Oportunidades, que buscaba erradicar la pobreza alineando correctamente los incentivos y los objetivos. Este programa brindaba apoyos a las personas más necesitadas, pero éstos dependían de que ellas fueran al servicio de salud y llevaran a los hijos a la escuela. De esta forma, el programa vinculaba, de manera efectiva, el acceso a niveles de alimentación, de salud y de educación para lograr una vida digna. Se creó también el Seguro Popular, pensado en aquellas personas que no estaban dadas de alta en algún sistema de protección y seguridad social.

Como resultado de estas políticas, la pobreza alimentaria en nuestro país se redujo, en los 12 años que el PAN encabezó el gobierno federal, de 24.1% a 19.7% de la población, a pesar de la durísima crisis financiera internacional que se padeció entre 2008 y 2009, y a la que México pudo hacer frente de mucha mejor manera que otros países gracias a la solidez de sus finanzas públicas y a su adecuada política social.

Un apunte adicional necesario: en México, la pobreza está, tristemente, correlacionada con la población indígena. Dicho de otra manera, parte importante de los indígenas de nuestro país vive en la pobreza, y muchos de los pobres son indígenas. Hay todo un debate acerca de si la ley y la Constitución deben reconocer los usos y costumbres de las comunidades indígenas, y permitirles altas dosis de autogobierno acorde con su propia identidad, incluso cuando eso pudiera suponer la exención de algunas leyes que son de observancia general. Hay polémica toda vez que eso pudiera desconocer la pluralidad existente al interior de las propias comunidades, al tratarlas como si fueran entes homogéneos en donde todos sus integrantes compartieran exactamente los mismos valores; en buena medida, es un debate filosófico sobre si los derechos son individuales o colectivos. Pero más allá de ese debate, que debe darse en el ámbito académico y político, es evidente que tiene que terminarse con la injusticia, la desigualdad y la exclusión que históricamente han sufrido los pueblos indígenas. Por ello, desde el Estado deben implementarse, de manera prioritaria, las medidas solidarias y subsidiarias que permitan su desarrollo integral, aumenten las capacidades de las personas que los conforman y construyan la infraestructura necesaria para comunicar y llevar el desarrollo a sus comunidades, muchas de las cuales se encuentran aisladas y alejadas de los centros productivos.

La educación

Está comprobado que la educación es el principal vehículo para la movilidad social y el progreso de los pueblos. Naciones que carecen de grandes recursos naturales o que quedaron devastadas como consecuencia de tragedias bélicas o naturales han logrado salir adelante gracias a la inversión que han hecho en capital humano; la educación aumenta las capacidades, aptitudes y habilidades de las personas y, por tanto, les permite alcanzar una igualdad de oportunidades de desarrollo.

Durante décadas, la educación en México estuvo secuestrada por intereses ideológicos que impedían la libertad de enseñanza. Esto era evidente en 1939, cuando nació el Partido Acción Nacional. Eran los años en los que estaba proscrita cualquier educación que no fuera la que impartía el Estado y que pomposamente presumía de ser *socialista*. Por eso, para los fundadores del pan el tema de la libertad educativa y de investigación fue fundamental. Incluso podemos decir que fue una de las razones de ser del partido, teniendo en cuenta que muchos de quienes participaron en su creación eran académicos muy distinguidos que habían luchado por la libertad de cátedra y la autonomía universitaria, empezando por el propio Manuel Gómez Morin, exrector de la Universidad Nacional. Así podemos leerlo en los primeros *Principios de doctrina* del partido, que establecían que:

> La libertad de investigación y de opinión científica o filosófica, como toda libertad de pensamiento, no puede ser constreñida por el Estado [...].
>
> Es deber del Estado, pero nunca monopolio suyo, procurar a todos los miembros de la comunidad una igual oportunidad de educación, asegurar por lo menos, una enseñanza elemental para todos, y promover el mejoramiento cultural en la Nación. En el cumplimiento de este deber el Estado no puede convertirse en agente de propaganda sectaria o partidista, y la libertad de enseñanza ha de ser garantizada sin otros límites por parte del Estado, que la determinación de los requisitos técnicos relativos al método, a la extensión y a la comprobación del cumplimiento del programa educativo mínimo o concernientes al otorgamiento de grados o títulos que capaciten para ejercer una profesión o una función social determinada.[19]

Además de servir como instrumento ideológico, la educación en México durante gran parte del siglo xx sirvió para garantizar la estabilidad corporativa del régimen posrevolucionario a través del empoderamiento del sindicato de maestros, el cual poco a poco se fue convirtiendo en el más grande y poderoso de toda América Latina. Este sindicato estaba fusionado con el pri y era uno de sus principales soportes, por lo que el gobierno en turno les concedía todo tipo de

---

[19] Partido Acción Nacional, *Principios de doctrina...*

prebendas y privilegios a cambio de apoyo político. De esta manera, se fue estableciendo un sistema educativo en el que quienes llegaban a las aulas a impartir clases no siempre eran los más aptos, sino quienes de mejor forma convenían a los intereses de la cúpula sindical. Todo esto, como es de imaginarse, fue en detrimento de la calidad educativa y los niños mexicanos fueron los grandes perdedores de este pacto clientelar. Las estadísticas internacionales colocan a la educación mexicana en una muy mala posición.

Cuando el pan llegó a la Presidencia de la República en el año 2000, tuvo que lidiar con este gigantesco monstruo sindical heredado de la época priista y, además, sin que el presidente en funciones tuviera el poder discrecional y metaconstitucional que sí tenían los mandatarios anteriores. A pesar de ello, hubo avances muy importantes, como la creación del Instituto Nacional para la Evaluación de la Educación (inee) que supuso el primer esfuerzo serio por evaluar a los docentes. Y es que, aunque pareciera increíble, hasta entonces los profesores no eran evaluados ni para acceder al servicio profesional ni para permanecer en él, y tampoco para ser promovidos. Las plazas, en muchas ocasiones, se heredaban, se alquilaban o, incluso, se vendían. Otro avance importante en estos años fue la implementación de la Prueba Enlace, para medir el desempeño de los alumnos en diferentes materias. También hay que mencionar la Alianza para la Calidad de la Educación, puesto que reunió al gobierno federal, a los padres de familia y a los profesores para mejorar las condiciones educativas del país y la profesionalización de los maestros. Otro logro importante de los gobiernos panistas fue la creación de los Consejos Escolares de Participación Social, uno por cada escuela pública, en los que directamente se involucraban los padres de familia.

A finales de 2012, ya con el gobierno de Enrique Peña Nieto, se llevó a cabo la reforma educativa. Esta reforma fue la primera que se impulsó desde el llamado Pacto por México, que estableció una agenda de reformas que compartían PRI, PAN y Partido de la Revolución Democrática (PRD). El hecho de que la primera reforma que se impulsara en el seno de este pacto fuera la educativa fue gracias a una petición expresa de Acción Nacional.

Hay varios elementos importantes de la reforma educativa que el PAN puso sobre la mesa y que finalmente se aprobaron:

- La evaluación obligatoria no sólo para acceder al servicio profesional docente, sino también para permanecer en él y para ser promocionado. Esto quiere decir, que sea el mérito profesional del profesor el factor que determine su futuro laboral, y que las plazas de maestros ya no se vuelvan a heredar, alquilar o vender, o que lleguen a cubrirlas personas que no están suficientemente capacitadas. Los profesores son quienes transmiten el conocimiento y las habilidades, y si ellos no están suficientemente capacitados, sus alumnos no van a aprender. Así de sencillo.
- La autonomía constitucional del INEE, para que sea un órgano que no dependa del gobierno en turno y pueda señalar con total libertad las fallas del sistema, así como proponer mejoras al mismo.
- La inclusión de los padres de familia en el texto constitucional, como partícipes indispensables del proceso educativo y de los contenidos del mismo. Ésta era una demanda del PAN desde su fundación y se consiguió incluir en la reforma al artículo tercero constitucional.

Por desgracia, esta reforma no ha sido bien implementada por el gobierno federal. Muchos grupos sindicales se han opuesto a su aplicación, incluso de manera violenta,

ya que supone para ellos la pérdida de los privilegios y prebendas que habían recibido durante décadas al amparo de
los gobernantes en turno. Sin embargo, la reforma educativa,
en su esencia, es positiva y de aplicarse correctamente puede
transformar para bien a nuestro país.

En la educación también es cierto que esta reforma, muy enfocada en
la parte administrativa del proceso, debe acompañarse de
otras reformas relacionadas con los contenidos educativos.
Ahí es urgente mejorar la calidad de estos últimos en áreas
tan fundamentales como las matemáticas, la lectura, las
nuevas tecnologías, las humanidades o los idiomas, e incor-
porarles valores como la honestidad, la responsabilidad, la
solidaridad, el patriotismo, la equidad entre hombres y mujeres o el respeto al medio ambiente, que permitan que los
educandos adquieran no solamente conocimientos técnicos,
sino también virtudes personales. Asimismo, la enseñanza de
la historia de México debe dejar de lado los tabúes y dogmas
oficialistas y maniqueos que hemos padecido, y procurar una
aproximación desapasionada y objetiva a los acontecimien-
tos de nuestro pasado.

En la educación también debe aplicarse el principio
de la subsidiariedad. Es decir, la participación de la sociedad
debe ser tanta como sea posible, y la del Estado solamente
como sea necesaria. Hay que promover y fomentar la participación de los particulares en la educación, de tal manera que
los padres de familia tengan más opciones y más libertad para
decidir en dónde educan a sus hijos. Si no existieran colegios
particulares, el Estado no se daría abasto para satisfacer toda
la demanda educativa; por eso es que la educación privada,
siempre y cuando esté sujeta a unos requisitos mínimos en
relación con la calidad, debe ser promovida y apoyada desde el gobierno. Hay países que, incluso, han implementado
políticas en las cuales el Estado, más que subsidiar la oferta
educativa construyendo escuelas, subsidia la demanda, es

decir, otorga a los padres de familia una especie de cheque o bono con el cual ellos deciden si inscriben a sus hijos a una escuela pública o a una privada; con esta medida se garantiza la gratuidad de la educación, se fomenta la competencia entre las escuelas y, al mismo tiempo, se da mayor libertad a los padres de familia para decidir qué tipo de educación quieren para sus hijos.

La familia

Hay todo un capítulo de los *Principios de doctrina* del PAN dedicado a la familia, ya que se le considera como el cauce principal de la solidaridad entre generaciones y el espacio primario de la responsabilidad social e individual. La familia es la primera comunidad natural en donde se desarrolla la persona. La fracción tercera del artículo 16 de la Declaración Universal de los Derechos Humanos reconoce que:

> La familia es el elemento natural y fundamental de la sociedad y tiene derecho a la protección de la sociedad y del Estado.[20]

Podemos afirmar que la familia hace diversas aportaciones al bien común de la sociedad:

- Desde un punto de vista meramente biológico, la familia constituye el ámbito en el que la especie humana cumple su necesidad de conservación. A diferencia de otras especies animales, el ser humano necesita del

---

[20] Organización de las Naciones Unidas, *Declaración Universal de Derechos Humanos* [en línea], disponible en: <http://www.ohchr.org/EN/UDHR/Documents/UDHR_Translations/spn.pdf> [consulta: 9 de septiembre de 2017].

cuidado de otros durante los primeros años de su vida para poder subsistir.

- La familia es el medio idóneo para el óptimo desarrollo de la persona, en donde nace y crece; recibe cuidado, alimentación, atención y afecto; establece el primer contacto con el exterior; aprende a convivir con otras personas, a expresarse y comunicarse; aprende sobre moral, buenas costumbres, valores, y desarrolla hábitos y virtudes.

- La familia es la garantía de la estabilidad social y es la principal creadora de capital social, entendido éste como el conjunto de valores, normas, tradiciones y costumbres que en una determinada sociedad o comunidad están presentes y fundamentan la confianza y la cooperación en esa comunidad.

- La familia brinda protección al individuo en todas las etapas de su vida, y garantiza su desarrollo integral. Psicológicamente, la comunidad familiar provee al individuo del enriquecimiento afectivo y la seguridad personal necesarios para afrontar las tensiones y retos de su entorno. La familia proporciona un marco de pertenencia y de referencia para y entre sus miembros.

- La familia es la instancia principal que permite cimentar y desarrollar todas las potencias y capacidades del ser humano, como su racionalidad. Esta última se manifiesta a través de ideas, conceptos, juicios; y la palabra, que se aprende con el contacto con los demás, es la herramienta para que podamos razonar.

- La familia es la primera e imprescindible comunidad educativa, apoyada subsidiariamente por el Estado, y tiene entre sus finalidades la formación de sus miembros para que puedan vivir con plenitud verdaderamente humana y para hacer su singular aportación al bien común.

- La labor formativa de la familia tiene, además, un impacto notable en la unidad nacional. En la familia se aprende el lenguaje, la religión, las costumbres y valoraciones propias de cada sociedad nacional.

Dicen los *Principios de doctrina* del pan que:

La familia tiene preeminencia natural sobre las demás formas sociales, incluso el Estado. Es función esencial de este último hacer posible y facilitar el cumplimiento de la misión propia de las familias que forman la comunidad política, que no puede realizarse plenamente sino dentro de un orden social, económico y político.[21]

Esto es muy relevante, ya que en muchas naciones se ha pretendido que el Estado se involucre en la dinámica familiar, un ámbito que no le corresponde. El Estado debe ser totalmente respetuoso de la forma en la que las familias se organizan y, sobre todo, del derecho de los padres a elegir el tipo de educación que reciben los niños, cuyo interés superior siempre debe ser reconocido como prioritario ante cualquier dilema jurídico que se presente acerca de la legislación sobre la familia y, concretamente, de las características del matrimonio civil.

En un amplio estudio sobre la familia, el investigador de la Universidad Nacional Autónoma de México (unam), Fernando Pliego Carrasco, encontró evidencia empírica de que en las familias sólidamente integradas se presenta menos violencia contra las mujeres y los hijos, los indicadores de salud física son mejores, las enfermedades mentales suceden en menor medida, los ingresos son mayores y el empleo más frecuente, las condiciones de la vivienda son más favorables,

---

[21] Partido Acción Nacional, *Proyección de Principios...*

hay una mayor cooperación en las relaciones de pareja, los vínculos entre padres e hijos son más positivos, el consumo de drogas, alcohol y tabaco se presenta en menores cantidades, la conducta social de los hijos es más cooperativa y cometen menos actos delictivos, y el desempeño escolar de los menores de edad es mejor.[22]

Además, en tiempos de crisis económicas, la familia desarrolla una red de solidaridad ante situaciones tan lamentables como el desempleo, la pobreza o la exclusión social. Cuando las familias se debilitan y desintegran, el Estado suele encargarse, con mucha menor eficacia y muchos mayores recursos, de las funciones sociales que las familias desempeñan: es el caso de los albergues para niños abandonados, los asilos para ancianos, los programas públicos de combate al alcoholismo o la drogadicción y las políticas asistencialistas. De ahí la necesidad de fortalecer a las familias de forma subsidiaria y que las políticas públicas y las leyes –sobre todo las relativas a lo laboral, la superación de la pobreza, el acceso a vivienda y a servicios educativos y de salud– tengan una perspectiva de familia para que ésta pueda seguir realizando las importantes funciones sociales que se mencionan.

Las políticas públicas en favor de la familia pueden ir, entre otras, en las siguientes vías:

- Hacer compatible la vida laboral y la vida familiar mediante horarios flexibles y la posibilidad de los trabajos desde el hogar.
- Incentivar fiscalmente a las empresas que implementen medidas que permitan esa conciliación.
- Apoyar a los matrimonios jóvenes para que puedan adquirir una vivienda.

[22] Fernando Pliego Carrasco, *Familias y bienestar en sociedades democráticas. El debate cultural del siglo XXI*, México, Miguel Ángel Porrúa, 2012.

- Ampliar las capacidades de las guarderías.

La defensa de la familia en muchas ocasiones ha sido identificada con posturas conservadoras o, incluso, religiosas, pero no debería ser de este modo. Las funciones que la familia desempeña y que acabamos de mencionar trascienden ideologías. El filósofo polaco Leszek Kolakowski, cuyo pensamiento bien puede situarse en la izquierda, llamaba la atención sobre lo desastroso que sería la desaparición de la familia monogámica en una sociedad. Incluso muchos liberales, que desconfían del control del Estado sobre los individuos, consideran que la familia es una especie de muro de contención frente a cualquier forma de colectivismo o de ideología totalitaria.[23] No es raro que muchos regímenes dictatoriales hayan buscado debilitar el núcleo familiar a fin de poder tener un control más eficaz sobre las personas.

El Estado de derecho y la seguridad ciudadana

Una de las razones de existir del Estado, en tanto organización política suprema de una comunidad, es su capacidad de garantizar la vida, la integridad y la seguridad de las personas. El Estado siempre debe ser de derecho, es decir, la autoridad debe estar sujeta a la constitución y a las normas aprobadas conforme a los procedimientos que ella establezca, para que así se garantice el funcionamiento responsable y controlado de los órganos del poder. De esta forma, se puede reconocer la existencia de un Estado de derecho cuando se protegen de manera efectiva los derechos y las libertades de las personas,

---

[23] Leszek Kolakowski, *La modernidad siempre a prueba*, México, Vuelta, 1990.

y se limita el poder público; para ello es indispensable que tenga validez el principio de separación de poderes.

Hay diversos índices que miden la existencia de un Estado de derecho en los distintos países. En todos ellos, México sale muy mal parado. Por ejemplo, en el *Índice Global de Impunidad*, elaborado por la Universidad de las Américas Puebla, se encontró que de los países que fueron evaluados, México es el segundo más impune, sólo por debajo de Filipinas. El alto grado de impunidad responde al bajo número de jueces –4 por cada 100 mil habitantes, cuando el promedio mundial es de 17 por cada 100 mil–, al hacinamiento en los reclusorios, y al elevado número de desapariciones.[24]

Existe otro índice que también mide dicho Estado, elaborado por el *World Justice Proyect*, que evalúa el desempeño de los países a través de los siguientes ocho factores: las limitaciones a los poderes del gobierno, la ausencia de corrupción, el gobierno abierto, los derechos fundamentales, el orden y seguridad, la ejecución regulatoria, la justicia civil y, finalmente, la justicia criminal. Estos factores pretenden reflejar cómo las personas experimentan el Estado de derecho en sus vidas cotidianas. En este índice, México ocupa el lugar 88 de los 113 países estudiados y el lugar 24 de los 30 que conforman la región de Latinoamérica y el Caribe.[25]

La precariedad de nuestro Estado de derecho ha impedido un mayor desarrollo económico, porque desincentiva

[24] Juan Antonio Le Clercq Ortega y Gerardo Rodríguez Sánchez Lara (coords.), *Índice Global de Impunidad, IGI-MEX 2016*, Universidad de las Américas Puebla, 2016, disponible en: <https://www.udlap.mx/igimex/assets/files/igimex2016_ESP.pdf> [consulta: 9 de septiembre de 2017].

[25] World Justice Project, *Índice del Estado de derecho 2016*, disponible en: <http://imco.org.mx/politica_buen_gobierno/indice-del-estado-de-derecho-2016-via-world-justice-project/> [consulta: 10 de mayo de 2017].

las inversiones, la generación de empleos, y ocasiona pobreza y desigualdad.

El crimen organizado es una manifestación más de la debilidad institucional en nuestro país, quizá la más evidente. Durante décadas, el crimen organizado se infiltró en las más altas instituciones del Estado mexicano; sobre todo se hizo presente en las encargadas de combatir la delincuencia, perseguir el delito y procurar la justicia.

Cuando se habla del crimen organizado, es imposible no referirse a la estrategia de seguridad implementada durante el gobierno panista de Felipe Calderón. Sin duda es una estrategia polémica que ha recibido todo tipo de análisis y comentarios, pero de la que vale la pena señalar algunas cuestiones.

En primer lugar, hay que decir que la violencia que se detonó durante ese sexenio –y que, por cierto, no disminuyó en el de Enrique Peña Nieto– no necesariamente fue causada por la intervención de las fuerzas federales y del Ejército, sino que éstas intervinieron precisamente porque esa violencia existía con anterioridad y porque muchísimas corporaciones policiales de estados y municipios, así como órganos de procuración de justicia, estaban completamente penetradas por el crimen organizado. Muchos desconocen que fueron gobernadores priistas y perredistas quienes solicitaron la intervención federal en sus estados para hacer frente a un problema que ya se les había salido de las manos.

La paz verdadera no puede suponer nunca un Estado rendido a las organizaciones criminales. Existían lugares donde el Estado simplemente no tenía el mínimo control de la situación, porque los delincuentes tenían un poder que los desafiaba y la violencia se había tornado cotidiana. Las principales responsables de los muertos en esta lucha, por lo tanto, fueron las bandas criminales y no el gobierno.

También es cierto que la misión ordinaria del Ejército no es desempeñar tareas de seguridad pública. Nuevamente, aquí aplica el principio de subsidiariedad: únicamente en casos estrictamente necesarios tiene que participar en esas acciones supliendo a quien debe hacerlo y que no lo puede hacer por alguna razón, pero su intervención sólo puede ser temporal. Lo deseable es que las fuerzas armadas que hoy están desplegadas en muchos estados sean sustituidas por policías confiables, bien capacitadas, equipadas y profesionales. Pero lo cierto es que mientras eso no ocurra, pedir que los soldados regresen a los cuarteles tiene poco de realismo y mucho de demagogia. Los pobladores de las zonas en donde está presente el Ejército piden a gritos que se quede mientras no existan condiciones objetivas de seguridad. Ahora bien, lo que sí es razonable es que la ley defina un marco de actuación para las fuerzas armadas.

A propósito de la lucha contra el crimen organizado, y particularmente sobre los cárteles del narcotráfico, en diversos sectores ha surgido la propuesta de legalizar las drogas para evitar que se sigan presentando muertes en este combate. En Acción Nacional nos hemos manifestado a favor de un gran debate nacional en el que participen expertos en las diversas materias, y que con toda racionalidad podamos discernir los pros y los contras. Hay quienes con razón arguyen que la legalización de las drogas puede traer problemas como las adicciones y la desintegración familiar; con la misma razón, otros dicen que hay sustancias adictivas como el alcohol o el cigarro que ya son legales y que hay drogas como la mariguana que pueden tener efectos medicinales positivos. Bienvenido, pues, el debate con todas sus implicaciones médicas, éticas, filosóficas y científicas. Sin embargo, de entrada, parece ingenuo pensar que legalizando las drogas se va a terminar con la delincuencia organizada, como sugieren los promotores de esta idea. Los antiguos cárteles de la droga han diversificado sus actividades, ya no solamente trafican sustancias prohibidas, sino que también secuestran, roban vehículos, trafican combustible robado, cobran derecho de piso, tratan personas, etcétera. El éxito del crimen organizado está en la operación ilegal y en la fragilidad del Estado de derecho. Por ello, ante la pregunta de: ¿se deben legalizar todas sus actividades para terminar con su violencia? La respuesta es obvia: no.

Recientemente, se ha dado un debate en el Congreso de la Unión ante la iniciativa del gobierno de Enrique Peña Nieto de desaparecer las policías municipales y establecer un mando único estatal. Los legisladores de Acción Nacional, nuevamente, han puesto sobre la mesa el principio de la subsidiariedad (como puede verse, este principio tan poco conocido es capaz de resolver muchísimos dilemas públicos de orden práctico): en aquellos casos en los que las policías municipales funcionan bien, hay que fortalecerlas, no desaparecerlas; solamente cuando las policías municipales no puedan desempeñar correctamente sus funciones, debe entonces entrar la policía estatal a suplirlas.

Por supuesto, la lucha por la seguridad ciudadana no debe reducirse a la persecución del delito, sino que lo ideal es implementar una correcta estrategia para prevenirlo y evitarlo. En un país cuyas instituciones funcionan y no existe impunidad, el delito es algo extraño. Lo mismo sucede en uno cuyas condiciones económicas y sociales evitan que haya personas que, excluidas del progreso, busquen alternativas fuera de la ley para poder sobrevivir. Por otro lado, que existan espacios públicos dignos, en donde las familias puedan convivir en paz, también es un factor disuasivo de la delincuencia.

El federalismo

La defensa del federalismo ha formado parte de la historia y de la esencia del Partido Acción Nacional, ya que nuestro país, durante prácticamente todo el siglo xx, vivió en los hechos

un sistema centralista que contravenía lo establecido en la
Constitución. Vale la pena que hagamos un poco de historia para entender el debate actual y las propuestas del PAN al
respecto.

La ciencia política define al federalismo como el "sistema o principio de organización territorial de un Estado por el
que las unidades políticas de que se compone se reservan un
alto grado de autogobierno, que queda garantizado. Al mismo
tiempo, estas partes se subordinan a un poder central para la
gestión de ciertas competencias esenciales".[26] Así, vemos que
el federalismo es, en esencia, un sistema de distribución de
competencias. En general, el federalismo se ha considerado
adecuado para estados plurinacionales o con una importante
diversidad histórico-cultural. En América, el diseño institucional de Estados Unidos (13 colonias decidieron unirse en
una federación tras independizarse de la Gran Bretaña) fue
tomado como modelo por varias de las naciones que con-
quistaron su independencia de la monarquía española. Entre
estos países estuvo México, pero la pugna entre centralistas
y federalistas ocupó buena parte de los primeros años de su
vida independiente, ya que la definición acerca de la organización territorial del Estado fue una de las polémicas más tor-
tuosas del siglo XIX en nuestro país.

México, después de emanciparse de España, adoptó
un esquema centralista bajo el liderazgo de Agustín de Iturbide, libertador que se autoproclamó como emperador. Tras su
derrocamiento se transitó hacia un sistema federal reconocido en la Constitución de 1824, la cual fue reemplazada 12
años después por otra de tintes conservadores y centralistas.
Planes, proclamas y cuartelazos sucedieron hasta que en
1857 una nueva Carta Magna volvió a definir a México como
una República federal, la cual fue combatida por tendencias

---

[26] Ignacio Molina, *Conceptos fundamentales de ciencia política*,
Madrid, Alianza Editorial, 2001, pp. 53-54.

imperialistas que volvieron a un sistema centralista entre 1864 y 1867, e implantaron un príncipe extranjero. En 1867 se restauró la República federal, tras la caída del emperador Maximiliano. México ya no se volvió a plantear, al menos en el debate político, cuál debería ser la organización territorial del Estado. Sin embargo, el federalismo mexicano estuvo lejos de convertirse en una realidad vigorosa.

El régimen porfirista fue un largo episodio de tensión entre el centro y la periferia, y primó un régimen autoritario. La evolución iniciada en 1910 dio origen a una Constitución que nuevamente definió a la república como federalista. Sin embargo, el régimen político que se consolidó a partir de inicios de los años treinta del siglo xx concentró el poder en la figura del presidente, por lo que la soberanía de los estados, consagrada en la ley fundamental, nuevamente tuvo que esperar. Durante los 71 años de hegemonía priista, el presidente se convirtió en el centro en torno al cual giraban todas las instituciones y los actores políticos, desde los gobernadores, hasta los presidentes municipales.

En los hechos, las entidades federativas estaban lejos de gozar de la soberanía y libertad que otorgaba el artículo 40 de la Constitución. Por el contrario, formaban parte de un régimen que era tremendamente centralista y vertical. Era el presidente, en tanto que líder real del partido oficial, quien nominaba a los candidatos a gobernador y quien, en última instancia, podía destituirlos si así lo consideraba, por ejemplo, entre 1946 y 2000 fueron removidos 49 gobernadores.[27] Este control se extendió a los recursos públicos, los presupuestos locales realmente se manejaban desde el gobierno federal, el cual asignaba o retiraba recursos selectivamente y según sus propias reglas no escritas.

[27] Rogelio Hernández Rodríguez, *El centro dividido: la nueva autonomía de los gobernadores*, México, El Colegio de México, 2008, p. 93.

El esquema anterior comenzó a cambiar en los años ochenta. Las crisis económicas y de legitimidad del sistema político se manifestaron con fuerza, sobre todo, en los estados y municipios del norte del país, en donde Acción Nacional obtuvo importantes triunfos electorales y organizó ruidosas protestas contra sus triunfos no reconocidos enarbolando, en buena medida, la bandera de la oposición al centralismo autoritario del régimen priista. Muchos líderes comunitarios de alta visibilidad se afiliaron al PAN y dieron una batalla importante por el respeto a la autonomía municipal y estatal, y a favor de la democratización. Muchas de las ciudades más importantes tuvieron alcaldes de oposición y el cambio político fue una realidad en muchos estados. Como bien asegura Alonso Lujambio, la transición a la democracia en México se produjo a partir de las alternancias en estados y municipios, las cuales permitieron que, en el 2000 –año en que se produjo la alternancia en el gobierno federal– 63% de la población del país ya hubiera experimentado con un gobierno distinto al del PRI en el nivel local.[28]

La alternancia en el Ejecutivo federal y la llegada del PAN al poder cambió drásticamente la situación imperante. Acorde con los principios panistas, los gobiernos de Vicente Fox y de Felipe Calderón promovieron un desarrollo del federalismo inédito en toda la historia del México independiente. Los gobernadores comenzaron a gozar de autonomía real y de recursos como nunca antes. Según datos de Luis Carlos Ugalde, el gasto federalizado se incrementó, entre 2002 y 2010, aproximadamente 160% en términos reales.[29] Sin embargo,

[28] Lujambio, Alonso, *¿Democratización vía federalismo? El Partido Acción Nacional, 1939-2000: La historia de una estrategia difícil*, México, Fundación Rafael Preciado Hernández, 2006, p. 83.

[29] Luis Carlos Ugalde, "Por una democracia liberal", en Aguilar Rivera, José Antonio (coord.), *La fronda liberal. La reinvención del liberalismo en México (1990-2014)*, México, CIDE/Taurus, 2014, p. 261.

estos recursos no se acompañaron de efectivos mecanismos de rendición de cuentas. Y esto sin hablar de los escandalosos niveles de endeudamiento en que incurrieron numerosos estados, sin que lo anterior se hubiera traducido en un mayor desarrollo y crecimiento económico.

Esta nueva situación trajo consigo una consecuencia no buscada, en nombre del federalismo y la soberanía estatal muchos gobernadores comenzaron a replicar en sus estados el mismo esquema autoritario y de concentración del poder que anteriormente existía a nivel federal. El vacío de poder, una vez que se diluyó el *hiperpresidencialismo,* comenzó a ser ocupado en las entidades federativas por los gobernadores, los cuales prácticamente no han tenido contrapesos. Esto ha propiciado un esquema de poca rendición de cuentas y autoritarismo creciente, aunado a complicidades inconfesables con el crimen organizado en muchos casos. Ha sido la época de los Tomás Yarrington, Eugenio Hernández, Humberto Moreira, Javier Duarte, César Duarte o Roberto Borge, entre otros.

Ya se ha hablado de cómo un férreo centralismo fue sustituido por un federalismo sin controles y sin rendición de cuentas. No es aventurado afirmar que, así como el cambio político vino desde los estados, también desde los estados regresan algunas prácticas de involución autoritaria. ¿Será posible vivir un federalismo vigoroso, pero, al mismo tiempo, solidario con la federación, respetuoso de la ley y eficaz en la provisión de bienes públicos? Podemos pensar que sí.

Ante esta complicada situación, el pan ha insistido en la necesidad de un diseño institucional que establezca controles efectivos sobre los gobiernos subnacionales, a partir del principio de la subsidiariedad. Probablemente, ahí radica uno de los principales retos de la democracia en México. La soberanía estatal no puede seguir siendo pretexto para la opacidad, mucho menos para el abuso del poder. En la Legislatura pasada se aprobaron, por impulso de Acción Nacional, diversas reformas que buscan establecer un piso mínimo que todas las entidades federativas deben cumplir a fin de garantizar en todo el país niveles similares de calidad democrática. Una de ellas fue la homologación de la forma en que se eligen los órganos administrativos y jurisdiccionales electorales locales, se buscó eliminar la participación de las autoridades estatales para evitar la intromisión ilegal en las elecciones. También se incluyeron reglas para impedir la sobre y la subrepresentación en los congresos estatales, hasta entonces esto era la regla y no la excepción.

Algo parecido se legisló con respecto de la homologación de los procedimientos penales. En materia de contratación de empréstitos también se establecieron límites a fin de evitar que un estado pueda endeudarse impunemente para que después lo rescate la federación con el dinero de todos los mexicanos. El nuevo Sistema Nacional Anticorrupción tiene un importante componente local, ahora la Auditoría Superior de la Federación podrá fiscalizar la totalidad de los recursos federales (también las participaciones, consideradas ingresos propios de los estados) que se ejercen en las entidades federativas y en los municipios. Además, cada estado deberá diseñar un modelo de rendición de cuentas, transparencia y acceso a la información. A la par de lo anterior, han proliferado leyes generales –es decir, de aplicación no solamente en el ámbito federal, sino también local– en los más diversos temas, sin embargo, han tenido resistencia de los poderes locales.

Es indispensable fortalecer las haciendas públicas municipales y estatales en materia fiscal y presupuestaria. El esquema actual ha generado gobiernos subnacionales parasitarios de la Federación y profundamente irresponsables. Se deben establecer criterios objetivos, no únicamente políticos, para determinar la distribución de recursos federales transferidos a las instancias locales con mucha mayor transparencia;

uno de estos criterios debe ser, necesariamente, el esfuerzo fiscal realizado por las entidades con recursos propios.

Hay mucho por hacer. A partir del principio de la subsidiariedad se deben crear las condiciones para que las instituciones estatales funcionen con eficacia y transparencia. Con más autogobierno, pero siempre acompañadas de rendición de cuentas. Muchas de las medidas adoptadas en los últimos años deberán tener un componente temporal hasta que se generen condiciones de mayores equilibrios políticos a nivel local, con frenos y contrapesos efectivos en cada uno de los estados que conforman la Federación.

La democracia

Cuando nació el pan, en nuestro país se estaba consolidando un régimen político profundamente autoritario que se centraba en la figura del presidente de la república, el cual gozaba no solamente de las facultades que le otorgaba formalmente la Constitución, sino también de poderes de facto a partir de la naturaleza misma del sistema político; algunos académicos han denominado a estos poderes como *metaconstitucionales*. En pocas palabras, el presidente gozaba de una autoridad y un control político prácticamente ilimitados, a tal grado que el escritor Mario Vargas Llosa dijo que en México había una dictadura perfecta.

Acción Nacional se fundó en buena medida para combatir este autoritarismo, de ahí que la lucha por la democracia haya estado presente desde la primera hora del partido. Frente a un régimen autoritario y frente a quienes apostaban por la ruptura violenta con él –como las guerrillas comunistas de los años sesenta y setenta–, el pan propuso una reforma paulatina y gradual de nuestras instituciones, con el fin de arribar a una democracia participativa que pusiera en el

centro al ciudadano. Para darnos una idea, desde la primera plataforma electoral que el partido presentó en 1943, ya
se hablaba de una reforma política y electoral. Con enorme
razón afirmó Carlos Castillo Peraza, en un discurso ante militantes panistas de todo el país en 1993, lo siguiente:

> Los astrónomos no habían terminado de descubrir nuestro
> sistema solar y nosotros ya éramos demócratas. Los físicos
> no habían creado la bomba atómica y nosotros ya éramos
> demócratas. Suiza no le había dado el derecho de voto a las
> mujeres y nosotros ya éramos demócratas. Los norteame-
> ricanos de color no podían ser admitidos en muchas uni-
> versidades de su país y nosotros ya éramos demócratas. La
> moda mundial eran los totalitarismos y nosotros ya éramos
> demócratas. México no se había industrializado y nosotros
> ya éramos demócratas. No había televisión y nosotros ya
> éramos demócratas. No existían la Organización de las Na-
> ciones Unidas (onu) ni la Organización de Estados Ame-
> ricanos (oea) y nosotros ya éramos demócratas. No había
> nacido Carlos Salinas de Gortari y nosotros ya éramos de-
> mócratas. Cuauhtémoc Cárdenas Solórzano disfrutaba del
> privilegio de correr por los jardines de Los Pinos mientras
> su padre urdía el fraude electoral contra Almazán, y noso-
> tros ya éramos demócratas. Porque fuimos y porque somos
> capaces de ser y de actuar demócratas, tenemos hoy la au-
> toridad moral para exigir democracia a quienes han tratado
> de cerrar el camino democrático a los mexicanos; quienes
> no han sabido, no han querido o no han podido correr el
> riesgo de someter a la prueba del debate abierto y del voto
> libre sus ideas, sus propuestas o sus cualidades y defectos
> políticos, personales o grupales.[30]

[30] Federico, Ling Altamirano, *A trasluz. Apuntes para una biografía
de Carlos Castillo Peraza*, México, Senado de la República, 2004, p. 206.

No sería posible entender la democratización de este país sin la aportación del PAN. Entre otras muchas, fueron demandas históricas del partido para la creación de un instituto electoral que no dependiera del gobierno, de un tribunal federal en materia electoral y de una credencial para votar con fotografía. Como producto de éstas y otras reformas, México pudo tener elecciones equitativas y competitivas, y se pudo experimentar la alternancia en el año 2000.

Sin embargo, a pesar de ese tránsito hacia la democracia, hoy parece existir un profundo descontento ciudadano con nuestro sistema político y con la forma como funciona nuestra democracia. No solamente lo señalan destacados académicos e intelectuales, sino que existen estudios de opinión que muestran que una amplia franja de la población no está satisfecha con nuestras instituciones. Se critica, y con razón, el enorme gasto que ha supuesto la democracia, su falta de resultados tangibles para generar desarrollo económico, abatir la desigualdad, la corrupción de los gobernantes y de las cúpulas de los partidos, entre otras cosas.

De ahí que sean necesarias diversas reformas que incentiven la rendición de cuentas de la clase política y logren que los ciudadanos se sientan verdaderamente representados en sus instituciones y, por tanto, participen con entusiasmo en la vida política. Algunas de estas reformas podrían ser las que a continuación se enuncian.

Segunda vuelta para la elección presidencial y de gobernadores

La segunda vuelta está presente en 67% de los países que, como México, tienen un régimen presidencial. El principal propósito de este diseño institucional es evitar que una mayoría de la población no quiera a quien los gobernará durante los próximos años. Esto puede pasar hoy porque el ganador de las elecciones es quien junta la primera minoría, pero no la mayoría absoluta de los votos. Por eso podemos afirmar que con la segunda vuelta se protege de mejor manera la preferencia real de los electores, además de que asegura la legitimidad y la estabilidad del gobernante electo.

En los países en los que no existe un esquema de segunda vuelta, como pasa en el nuestro, se incentiva que el elector haga un voto estratégico a fin de maximizar la utilidad de su sufragio, pero no necesariamente esto implica que vote por su opción preferida. En cambio, con una segunda vuelta, las personas pueden votar por su mejor opción en primera instancia (voto ideológico), y después por su segunda preferencia (voto práctico). Además, este esquema de elección favorece posturas políticas más centradas, moderadas y cercanas al votante mediano. Las posturas más radicales, que ciertamente tienen derecho a existir en un régimen democrático, encuentran su justa dimensión en la primera vuelta, mientras que en la segunda los dos candidatos finalistas acercarán sus posiciones al punto del espacio político en donde se encuentra la mayoría de la población, que suele ser el centro político.

Otra ventaja de este sistema es que evita campañas que tiendan a la polarización. Los diferentes candidatos evitarán descalificarse, a fin de no alejar a los seguidores que eventualmente pueden votar por ellos en la segunda vuelta. Este esquema promueve también alianzas electorales, que deberán traducirse en acuerdos estables de gobierno en caso de que el ganador no tenga mayoría en el Poder Legislativo.

De 1994 a la fecha ningún candidato presidencial ha contado con el apoyo mayoritario del electorado, es decir, con el de más de la mitad de la población. No sólo eso, sino que la creciente fragmentación de nuestro sistema político y de partidos, que ahora incluye la posibilidad de candidaturas independientes, puede llevar a una elección presidencial en 2018 donde el ganador tenga menor de 30% de los sufragios a su favor. Esto conduciría inexorablemente a un mandato poco legitimado y a un sentimiento de frustración popular por el riesgo probable de que el ganador sea paradójicamente el más rechazado por la mayoría de la población. Por eso es que la segunda vuelta fortalecería nuestra democracia y daría más poder a los electores.

Más debates y menos *spots*

Ésta ha sido una propuesta en la que actualmente el partido ha insistido en muchas ocasiones. Nuestra democracia necesita mayor deliberación pública. Por eso es que Acción Nacional ha propuesto la utilización de los tiempos oficiales en radio y televisión de los partidos políticos en forma de debates entre sus respectivos dirigentes. Estos debates sustituirían a los *spots* que se difunden en tiempos ordinarios –es decir, fuera de los tiempos de precampañas y campañas electorales– y darían a los ciudadanos elementos suficientes para conocer las propuestas de fondo de las diferentes opciones políticas, a fin de tomar decisiones más informadas y racionales. De esta forma, se produciría un diálogo democrático en un marco de respeto, tolerancia, identidad y corresponsabilidad; mediante el cual, las personas podrían conocer qué es lo que cada partido piensa sobre los diversos temas que interesan a la sociedad, así como las propuestas para solucionar los problemas que preocupan a la mayoría de los ciudadanos. Los partidos políticos tienen el mandato constitucional de fortalecer la cultura democrática y, sin debates frecuentes e intercambios de ideas, eso simplemente no es posible.

Estos debates deben ser flexibles, ágiles y abiertos. En este sentido, sería deseable que los propios medios de comunicación pudieran participar en el diseño del formato y que los responsables de la moderación fueran los periodistas.

Homologar criterios para candidaturas independientes

Los partidos políticos juegan un rol fundamental en cualquier democracia. La ciencia política ha hecho teorías sobre su papel como mediadores entre la sociedad civil y el Estado, como receptáculos de información colectiva, en la agregación y representación de intereses, en la postulación de proyectos políticos de carácter global, en la selección y reclutamiento de personal político, y en el ejercicio de la función electoral y legislativa.

Sin embargo, también es cierto que ante el desprestigio de los partidos y la transformación de la sociedad se necesita considerar la existencia de nuevos canales para la participación política de los ciudadanos. Fue en este contexto que se reformó en 2012 la Constitución, para considerar la posibilidad de que un ciudadano pueda ser elegido por la vía independiente, es decir, sin ser postulado necesariamente por un partido político.

No obstante lo anterior, las candidaturas independientes no tienen un marco constitucional que establezca sus lineamientos básicos y mínimos, lo que ha producido una enorme disparidad en su regulación a nivel federal y en cada uno de los estados, provocando entonces restricciones diversas –cantidad desproporcionada de firmas, plazos muy cortos para conseguirlas, regulaciones exageradas sobre el acceso al financiamiento, anticipación excesiva para separarse previamente de un partido político, entre otros– que han ocasionado que esta figura sea completamente inoperante en muchos casos.

Es necesario, pues, un marco jurídico que garantice la posibilidad de las candidaturas independientes y las haga efectivas. El PAN propone homologar los derechos y obligaciones de los candidatos independientes en todo el país, así como los requisitos para el registro–incluyendo el porcentaje de firmas, que no debe ser mayor a 0.5% del listado nominal–, plazos, financiamiento, tiempo de separación de cargos partidistas, acceso a las prerrogativas, acceso a radio y televisión, acceso al financiamiento privado, así como la posibilidad de contender mediante candidatura común.

En este sentido, debemos ser lo más flexibles posible. Con cerrar el acceso a esta figura no se van a solucionar los problemas de nuestro sistema de partidos. Al contrario, las candidaturas independientes son una oportunidad que incentiva a los partidos a volverse más competitivos y cercanos a los ciudadanos.

Hacer viables los instrumentos de democracia directa y participativa

En el año 2012 también se llevó a cabo una modificación a la Constitución para incorporar dos elementos de democracia directa: la consulta popular y la iniciativa ciudadana. Mediante la primera, los ciudadanos pueden decidir temas de trascendencia nacional con su voto; por medio de la segunda, pueden presentar una iniciativa legislativa. Ambas figuras buscan canalizar por la vía institucional los deseos de participación política de millones de ciudadanos que se han mostrado descontentos con los partidos y sus representantes.

Sin embargo, los requisitos que se establecieron para cada una de estas dos figuras y la forma misma en que se incorporaron a la Constitución hacen que carezcan de viabilidad. Analizaremos brevemente cada una de ellas.

En el caso de la consulta popular, hoy en día se requiere que se reúna 2% de las firmas de los ciudadanos para que se pueda convocar a este ejercicio. El presidente de la república y al menos 33% de los integrantes de alguna de las dos cámaras también pueden convocar a la consulta, pero en todos los casos sólo podrá realizarse una cada tres años, en la misma fecha de la elección federal. En 2014 varios partidos quisieron promover consultas populares para las elecciones de 2015, no obstante, todas ellas fueron declaradas inconstitucionales por la Suprema Corte de Justicia de la Nación.

Es necesario que las consultas populares en México puedan ser ejercicios democráticos similares a los plebiscitos y al *referéndum* en otros países. Para ello, primero, conviene aclarar el alcance de este ejercicio, actualmente existen dudas sobre si, por ejemplo, las reformas constitucionales pueden o no ser consultadas a la población mediante este mecanismo. Además, también es necesario acotar los temas sobre los que no se puede consultar, ya que en la actualidad están redactados en la Constitución de forma muy amplia y ambigua, lo que hace posible que prácticamente cualquier tema entre dentro de las restricciones establecidas.

Es evidente que la democracia directa no puede sustituir a la representativa, ya que no parece viable un modelo en el que exista una especie de asambleísmo en que todo se decida por todos. Sin embargo, también es cierto que para algunos temas de verdadera relevancia nacional es necesaria la participación de los ciudadanos, tal y como ocurre en los países más democráticos del mundo.

En el caso de la iniciativa ciudadana, la norma establece que los ciudadanos podrán iniciar leyes cuando se reúna un número equivalente a 0.13% de la lista nominal de electores, cantidad cercana a las 150 mil personas. Esta figura ya ha sido utilizada, como ejemplo más emblemático está la iniciativa para incorporar el 3de3 a la Ley Federal de Responsabilidades Administrativas de los Servidores Públicos, en este ejercicio participaron más de 600 mil ciudadanos. Sin embargo, en esta figura hay un problema esencial, no existe ningún mecanismo que obligue al Poder Legislativo a dictaminar las iniciativas. De esta manera, aunque generaran una movilización ciudadana, pueden *quedar dormidas en la congeladora.*

Por eso es necesario establecer obligaciones para que el Legislativo dictamine y vote, en un sentido o en otro, las iniciativas presentadas por los ciudadanos en un plazo máximo de 30 días naturales.

Una mejor integración del Congreso de la Unión

Para nadie es un secreto que los legisladores gozan de mala fama en México. Las diversas encuestas muestran que son los servidores públicos peor valorados por los ciudadanos. Muchas de las críticas son especialmente hacia los que son electos en listas plurinominales, es decir, aquéllos que no tuvieron que buscar directamente el voto de los ciudadanos. Se considera que los plurinominales, tanto diputados como senadores, no tienen un auténtico compromiso con los electores porque dependen más bien de la decisión de las cúpulas de sus partidos y que, por ello no, rinden cuentas.

¿La solución sería eliminar o reducir la cantidad de plurinominales? En la Cámara de Diputados parece que no. Si quitaran los 200 diputados plurinominales se correría el riesgo de sobrerrepresentar a algunos partidos y subrepresentar a otros. Una de las funciones de las listas de representación proporcional es garantizar que la integración de la Cámara sea lo más parecida posible, en términos de preferencias partidistas, a la elección que hicieron los ciudadanos. Sin embargo, lo que sí puede modificarse es la forma en cómo estos diputados llegan al cargo.

Hoy en día existen cinco circunscripciones regionales y cada partido registra una lista de 40 nombres en cada una de ellas. De ellos se eligen los diputados de representación proporcional. Una opción es que, de los 200 diputados de representación proporcional, únicamente 100 se elijan por el método de listas plurinominales y el resto sean candidatos de mayoría relativa, es decir, aquéllos que obtuvieron una votación alta, aunque no ganaron su distrito; en otras palabras, se considerarían los *mejores perdedores*.

De esta manera, se lograría que por lo menos la mitad de los diputados de representación proporcional tuvieran un arraigo territorial claro, fueran personas que sí tuvieron que hacer campaña y, por lo mismo, tendrían también un mayor compromiso con sus electores, aun cuando no hubieran ganado la elección.

En el caso del Senado de la República, sí se podría considerar la eliminación de su lista de representación proporcional, ya que ésta va en contra de su esencia. Esto es porque fue concebido en el constitucionalismo mexicano como una cámara de representación territorial, que salvaguardara los derechos iguales de cada entidad federativa. Por eso, independientemente del número de habitantes, se estableció que cada estado tendría dos senadores (esta cifra después fue aumentada a tres). En los años noventa, y con el fin de garantizar una mejor representación de la pluralidad del país en momentos de transición, se incorporó una lista plurinominal nacional de 32 senadores. Sin embargo, parece que hoy ya no tiene sentido que persista esta lista nacional; así que una alternativa es que se elijan cuatro senadores por entidad federativa y que, al interior de cada una, se distribuyan de forma proporcional a la votación de cada partido.

La transparencia y la lucha contra la corrupción

La corrupción se puede definir como la utilización de recursos públicos para obtener beneficios privados. Esta práctica tiene consecuencias muy negativas sobre la economía y la seguridad pública porque desalienta las inversiones y generaliza la percepción de impunidad. Pero, sobre todo, la corrupción representa un atentado contra la democracia, ya que se destruye la idea del contrato social en la cual el funcionario público es solamente un mandatario del ciudadano y un servidor de la comunidad.

Por desgracia, en la historia de México la corrupción ha estado muy presente en la clase política. La Revolución mexicana, de la que el pri siempre se ha considerado heredero, acentuó la creencia popular de que todos los políticos eran unos bandidos. La propia acuñación del verbo ·*carrancear* como sinónimo de robar es un buen ejemplo de ello, aunque no el único. Diversas frases de la sabiduría popular y de célebres políticos ilustran esta creencia de que la política y la corrupción van de la mano, por ejemplo: "El que no transa, no avanza"; "Año de hidalgo, pendejo el que deje algo"; "Nadie aguanta un cañonazo de 50 mil pesos", del general revolucionario y presidente de México, Álvaro Obregón; "La moral es un árbol que da moras", de Gonzalo N. Santos, priista de San Luis Potosí; "Vivir fuera del presupuesto es vivir en el error", de César Garizurieta, político de Veracruz, famoso en los años cuarenta del siglo xx; "Un político pobre es un pobre político", de Carlos Hank González, gran líder priista del grupo Atlacomulco.

Frente a esta visión que entendía al servicio público como espacio privilegiado para la formación de inmensas fortunas personales, el Partido Acción Nacional reivindicó desde su fundación el papel de la ética en la política. Siempre tuvo la voz que reclamaba honestidad y transparencia en el ejercicio de los recursos que en realidad son de todos los mexicanos. La honradez y la ética no solamente eran un sello distintivo y característica personal de los militantes del pan, sino una bandera de política pública que estaba presente en todas sus plataformas políticas y electorales, desde la primera que el partido presentó en 1943, en donde se pueden leer cosas como la siguiente:

[Proponemos la] formulación de verdaderos presupuestos
en los que se ordenen con jerarquía las erogaciones públicas
y se evite el despilfarro de los fondos nacionales; adopción
de una política fiscal justa y adecuada para cubrir estos presupuestos; restablecimiento y utilización apropiada del crédito público para sus fines verdaderos y dentro de la capacidad económica real del país; creación de un régimen eficaz
para la rendición de cuentas de los fondos y negocios públicos y para la precisión y exigencia de responsabilidades.[31]

Al hablar de corrupción y de la larga historia que nuestro país tiene en relación con este cáncer, podría pensarse
que se trata de un asunto de carácter cultural, algo que está
en nuestros genes o en nuestro ADN. Eso declaró, incluso, el
presidente Peña Nieto en alguna ocasión. Ahora bien, si la corrupción es cultural, ¿cómo explicar que países que comparten una misma cultura y una misma historia tengan distintos
resultados en este rubro? Veamos el siguiente ejemplo:

Hasta los años cuarenta del siglo pasado, las actuales
Corea del Norte y Corea del Sur formaban un mismo estado.
Aunque comparten geografía, historia y cultura, por motivos
políticos hoy constituyen dos entidades totalmente diferentes, una comunista y la otra capitalista, una es una dictadura
y la otra es una democracia. Si analizamos el Índice de Percepción de la Corrupción que año con año elabora Transparencia Internacional, veremos que Corea del Norte está en el
lugar 174, es decir, es uno de los tres países más corruptos
del mundo, mientras que Corea del Sur está en el lugar 52, o
sea, está en el tercio de los países con menos corrupción.[32]

[31] "Plataforma electoral del PAN", *La Nación*, no. 90, 3 de julio de
1943, p. 32.

[32] Transparency International, *Corruption perception Index 2016*
[en línea], disponible en: <https://www.transparency.org/news/feature/
corruption_perceptions_index_2016#table>, [consulta: 22 de abril de 2017].

Ante la pregunta: ¿Por qué dos estados que hasta hace poco más de seis décadas eran uno mismo, actualmente muestran resultados tan diferentes? La respuesta está en la calidad de sus instituciones.

En ese mismo índice, México ocupa el lugar 123, con una calificación de 30 sobre 100 puntos en una escala donde cero es una percepción de altos niveles de corrupción y 100 son bajos niveles de percepción de corrupción. Dicho de otra manera, nuestro país, en perspectiva comparada, está entre los 60 más corruptos del mundo, con calificaciones similares a países como Honduras, Laos, Moldova, Paraguay y Sierra Leona, y tiene la peor calificación entre los 35 países miembros de la Organización para la Cooperación y el Desarrollo Económicos (OCDE).

Según un estudio realizado por la politóloga María Amparo Casar,[33] la corrupción implica costos de diverso tipo para nuestro país, genera 5% menos de inversión, hace que las empresas pierdan alrededor de 5% de sus ventas anuales, la piratería supone la pérdida de casi medio millón de empleos al año, y le cuesta a México alrededor de 9% de su Producto Interno Bruto (según datos del Banco de México, el Banco Mundial y *Forbes*).

Además de lo mencionado anteriormente, la corrupción ocasiona insatisfacción con la democracia, crisis de representación y elevados costos sociales en bienestar; asimismo, hay una correlación positiva entre corrupción y niveles de violencia).

Hace dos años se aprobó en nuestro país una reforma constitucional para crear el Sistema Nacional Anticorrupción.

---

[33] María Amparo Casar, *Anatomía de la Corrupción* [en línea], Centro de Investigación y Docencia Económicas A.C./Instituto Mexicano para la Competitividad A.C., disponible en: <http://imco.org.mx/wp-content/uploads/2015/05/2015_Libro_completo_Anatomia_corrupcion.pdf> [consulta: 25 de abril de 2017].

Esta reforma fue una iniciativa del PAN que salió adelante a pesar de la oposición inicial del PRI y del gobierno, quienes se vieron obligados a ceder tras el escándalo de la llamada "Casa Blanca", que involucró al primerísimo círculo del presidente de la república. Este Sistema Nacional Anticorrupción activa mecanismos de prevención, de control externo e investigación, y de sanción. Por eso es un auténtico sistema, integrado por muchas instituciones que están vinculadas y coordinadas entre sí.

En la parte preventiva, esta reforma estableció que el titular de la Secretaría de la Función Pública sea ratificado por el Senado de la República, y que esta dependencia sea la responsable de investigar y perseguir, ante el Tribunal de Justicia Administrativa, las faltas administrativas graves. En esta parte preventiva también participan el Instituto Nacional de Transparencia, Acceso a la Información y Protección de Datos Personales (INAI), los órganos internos de control de los órganos constitucionales autónomos, y el Consejo de la Judicatura Federal. En la parte de investigación y control externo del sistema se fortalecieron las facultades de la Auditoría Superior de la Federación como órgano responsable de vigilar la cuenta pública, para identificar posibles irregularidades en ingresos o gastos de recursos federales, eliminando los principios de anualidad y posterioridad en su fiscalización, de tal manera que le sea posible realizar investigaciones y fiscalizaciones en tiempo real, así como fiscalizar ejercicios anteriores al de la cuenta pública en revisión. Del mismo modo, la Auditoría Superior tendrá facultad de fiscalizar los recursos y participaciones federales que se ejercen en los estados y municipios, en donde hoy en día se concentra gran parte de la corrupción. En esta parte de investigación y control externo, se creó la Fiscalía Anticorrupción, la cual podrá investigar con amplias facultades y consignar ante jueces federales posibles delitos relacionados con actos de corrupción. Por último, en la parte de sanción del sistema, se transformó el Tribunal de

Justicia Administrativa para adquirir relevancia constitucional y autonomía presupuestaria, y poder sancionar las faltas administrativas graves. El Sistema Nacional Anticorrupción contempla un comité coordinador conformado por un representante de cada una de las instancias que participan, además de uno de un comité de participación ciudadana.

La implementación de esta reforma ha sido lenta a causa de la complejidad del sistema. Una gran cantidad de leyes secundarias y muchas leyes locales se debieron adecuar, ya que la intención es replicar este esquema en cada entidad federativa. Quizá tarde algún tiempo en comenzar a dar resultados tangibles. Sin embargo, su diseño es el correcto para combatir las dos principales causas de la corrupción: la impunidad y la falta de rendición de cuentas.

En los últimos dos años se ha puesto de moda una iniciativa promovida desde la sociedad civil llamada popularmente 3de3. Tengo el honor de haber sido uno de los primeros cuatro legisladores que presentó su 3de3 en México, junto con Laura Rojas, Fernando Belaunzarán, y Zoé Robledo. Esta iniciativa consiste en que los servidores públicos, sobre todo los que aspiran a un cargo de elección popular, hagan públicas tres declaraciones: patrimonial, de impuestos y de intereses. De esta manera, los ciudadanos podrán comparar con qué patrimonio llegaron los políticos a un cargo público y con cuál se fueron. Además, podrán darse cuenta de si ese patrimonio fue adquirido de manera legal, ya que también se presenta la declaración que se hace al pagar impuestos. Finalmente, la declaración de intereses permitirá conocer cuáles son las relaciones que un servidor público tiene con empresas, asociaciones o personajes de cualquier tipo, a fin de descubrir si eso les impide tomar decisiones coincidentes con el bien común y el interés general. La 3de3 es, de esta manera, un paso más que busca prevenir la corrupción, por esta razón, el Partido Acción Nacional ha apoyado que se haga obligatoria en la ley.

La laicidad y
la libertad religiosa

Durante gran parte de los siglos xix y xx, nuestro país vivió intensos conflictos en materia religiosa. Cuando el pan fue fundado, México acababa de salir de una guerra civil, conocida como La Cristiada. Ésta fue particularmente cruel debido a las múltiples limitaciones que el régimen posrevolucionario había impuesto a la libertad religiosa, las cuales, en algunos casos, llegaban a la persecución abierta de cualquier manifestación de fe.

A pesar de que sus principios doctrinales están inspirados en el humanismo socialcristiano y de que pertenece al movimiento demócrata cristiano internacional, Acción Nacional ha sido siempre un partido aconfesional, ha defendido la libertad religiosa y la laicidad del Estado. Ahora bien, ¿qué implicaciones tienen estos dos conceptos en la vida pública?

La libertad religiosa es un derecho humano fundamental reconocido y consagrado en numerosos instrumentos jurídicos internacionales. Podemos definirlo como el derecho que poseemos los seres humanos de tener creencias religiosas y poderlas profesar y practicar tanto en lo público como en lo privado, sin ser violentados por ello. En este sentido, la libertad religiosa también ampara a las personas que hayan decidido no tener ni practicar alguna religión. Como derecho humano fundamental, no es algo que el Estado otorgue o conceda, sino que es algo que se deriva de la eminente dignidad de la persona; sus únicas limitaciones deben ser los derechos de terceros, así como aspectos que se relacionan con la seguridad pública o la protección del orden. Por ello, el Estado debe reconocer y garantizar este derecho.

La libertad religiosa no implica únicamente la libertad de creencia y de culto. Es un derecho público, es decir, es un derecho externo, lo cual quiere decir que la libertad religiosa es también la libertad de actuar en la vida social y política conforme a esas creencias.

Al respecto, el jurista Jorge Adame Goddard menciona cuatro dimensiones en las que podría desplegarse, de forma práctica, la libertad religiosa:

1. Los actos de culto, que son aquéllos en los que se alaba y reconoce al Ser supremo, pudiendo ser privados o públicos.
2. La conformación de la propia vida, es decir, orientar la conducta a los preceptos morales de una religión determinada.
3. La asociación de los creyentes, ya que la fe no es sólo una vivencia individual sino principalmente una experiencia colectiva y comunitaria.
4. La difusión de la religión, ya que quien tiene fe naturalmente quiere comunicarla.[34]

Como puede apreciarse, el derecho a la libertad religiosa está indisolublemente unido a otros derechos, por tanto, el grado en el que se respeta y garantiza constituye un indicador acerca de la salud de un régimen político que se considere democrático. Estudios científicos recientes demuestran, precisamente, cómo se correlacionan estas distintas variables. El Centro para la Libertad Religiosa del Instituto Hudson, en Washington, analizó la relación entre libertad religiosa y otras libertades en 101 países.[35] En este estudio se comprobó que la libertad religiosa está fuertemente asociada a la libertad

[34] Jorge Adame Goddard, "La libertad religiosa y su protección jurídica en el ámbito internacional", en Jorge E. Traslosheros (coord.), *Libertad religiosa y Estado laico. Voces, fundamentos y realidades*, Porrúa, México, 2012.

[35] Veáse: Timothy Shah, *Libertad religiosa. Una urgencia global*. Rialp, Madrid, 2013, p. 61.

civil y política, la libertad de prensa, la libertad económica y una democracia prolongada.

Dicho lo anterior, es necesario preguntarse qué forma de organización política estatal garantiza de mejor manera el derecho humano a la libertad religiosa.

A lo largo de la historia han existido diversos modelos en cuanto a la relación entre la Iglesia y el Estado, entre el poder espiritual y el temporal, entre las autoridades religiosas y las autoridades políticas. Sin embargo, hoy parece claro que un Estado laico es el que mejor garantiza el derecho a la libertad religiosa. Llegados a este punto, surge también la pregunta acerca del significado de la laicidad del Estado.

El cardenal Angelo Scola, actual arzobispo de Milán, define a la laicidad como la no identificación del Estado con ninguna de las partes implicadas, es decir, con sus intereses e identidades culturales, sean religiosas o laicas.[36] Por su parte, Javier Álvarez Perea la define como "la situación de no imbricación de los asuntos públicos con los asuntos religiosos. Lo cual implica una separación efectiva entre la Iglesia y el Estado. Manteniendo, ambos, sus respectivas esferas de actuación, pero abiertas al diálogo y a la cooperación en aquellas situaciones en las que se puedan requerir mutuamente".[37]

Vemos, pues, que el Estado laico, en virtud de su propia naturaleza, no interfiere en las opciones libres de sus ciudadanos en materia religiosa ni impone una creencia religiosa como propia, puesto que se declara neutral en la materia. De esta manera, las diversas creencias y confesiones religiosas pueden competir por conquistar las voluntades libres de los ciudadanos en un marco de civilidad y respeto. Así entendida, la laicidad se presenta como algo benéfico para la sociedad,

[36] Ángelo Scola, *Una nueva laicidad. Temas para una sociedad plural*, Madrid, Encuentro, 2007, p. 20.

[37] Javier Álvarez Perea, *El colorante laicista*, Madrid, Rialp, 2012, p. 66.

ya que respeta y garantiza los derechos fundamentales del ser humano y asegura la independencia entre la esfera política y la esfera religiosa, sin que esta independencia suponga confrontación o falta de diálogo y cooperación.

La neutralidad religiosa de un Estado, considerado la organización política suprema de la sociedad, no supone que se desconozca la tradición histórica y cultural de la nación. Es así como en Estados Unidos, el presidente jura el cargo sobre una *Biblia*, en Argentina, el presidente inicia su mandato con un *Te Deum* o en España, el rey presenta una ofrenda cada año al apóstol Santiago. Además, la gran mayoría de las constituciones democráticas incluyen en sus preámbulos algún tipo de invocación divina o de reconocimiento de sus raíces religiosas, sin que eso signifique una imposición religiosa o un menoscabo a las libertades democráticas.

Por eso es que en materia de laicidad no existen modelos puros ni universales, sino que, en buena medida, cada nación puede delimitar su propio esquema a partir de su historia, cultura, tradiciones, usos y costumbres. En este sentido, el italiano Marcello Pera prefiere dar una definición de Estado laico en negativo, en donde laico es el Estado no teocrático, no sometido a una Iglesia, o que no decide consultando textos religiosos, pero en cuanto a otros usos y costumbres estará relacionado con la historia y tradición de cada país.[38]

La neutralidad en materia religiosa –e ideológica, como veremos a continuación– tampoco supone que el Estado permanezca indiferente ante determinados principios fundamentales, como la dignidad humana, los derechos de la persona o la soberanía popular. Son los valores prepolíticos y constitutivos de los regímenes democráticos. Un Estado completamente neutral en términos de valores, que sujetara absolutamente todo al designio de las mayorías sin tener

[38] Marcello Pera, *Por qué debemos considerarnos cristianos. Un alegato liberal*, Madrid, Encuentro, 2008, p. 69.

unos asideros basados en la naturaleza humana, sería estructuralmente débil y estaría condenado al fracaso frente a las amenazas internas y externas.

La laicidad no sólo quiere decir que el Estado no imponga una religión, también implica, por analogía, que no pretenda imponer una visión dogmática y omnicomprensiva de la realidad o un sistema cerrado de creencias preconcebidas y con un alto componente utópico, es decir, una ideología totalitaria. Un Estado que asuma como propia una ideología totalitaria deja de ser laico y democrático porque ya no garantiza la libertad de conciencia a sus ciudadanos y tiende al totalitarismo. Así, a lo largo de la historia hemos visto estados que se han declarado socialistas, comunistas, fascistas, o recientemente, hemos escuchado a autoridades delegacionales y del gobierno central declarar que la Constitución de la Ciudad de México será de izquierda, es decir, tendrá una pertenencia ideológica exclusiva. Todo ello va en detrimento de la laicidad del Estado y de la libertad de las personas.

Al respecto, bien señalan Jocelyn Maclure y Charles Taylor, dos filósofos canadienses, que "un régimen que sustituya, en el fundamento de sus actuaciones, la religión por una filosofía secular totalizadora convierte a todos los fieles de una religión en ciudadanos de segunda fila puesto que no abrazan las razones y los valores integrados en la filosofía reconocida oficialmente".[39]

Éste es, precisamente, el grave riesgo del laicismo. A diferencia de la laicidad, que respeta y garantiza la libertad para creer o no creer de todos los ciudadanos, el laicismo se presenta como una filosofía moral totalizadora y excluyente. El laicismo pretende erradicar del espacio estatal y público cualquier expresión religiosa, partiendo de la premisa de que la religión puede ser una potencial fuente de conflicto entre

---

[39] Jocelyn Maclure y Charles Taylor, *Laicidad y libertad de conciencia*, Madrid, Alianza Esitorial, 2011, p. 26.

los ciudadanos, por lo que su manifestación pública debe ser limitada y acotada.

Aquí vale la pena diferenciar lo estatal de lo público. Lo estatal corresponde a las instituciones políticas que regulan la convivencia humana. Lo público, por su parte, es la esfera en la que las personas libres interactúan y se relacionan. El laicismo pretende excluir lo religioso no sólo de lo estatal sino también de lo público, lo cual es francamente inaceptable. Este laicismo, por supuesto, no es neutral, porque adopta el concepto del mundo y del bien de los ateos y de los agnósticos y, en consecuencia, no trata en un esquema de igualdad a los ciudadanos que profesan algún tipo de religión. Por ello, este laicismo atenta contra el derecho humano fundamental a la libertad religiosa y, de paso, atenta también contra otros derechos y libertades como el de expresión, reunión, asociación o manifestación, ya que pretende impedir la participación política de los creyentes, salvo de aquellos que privaticen su fe.

Para el laicismo, la total separación de Iglesia y Estado o la neutralidad religiosa de éste, adquieren más importancia que el respeto a la libertad religiosa de los individuos, convirtiendo en fines lo que simplemente son medios procedimentales para que las personas puedan vivir en libertad. Y desconociendo, además, que la laicidad es un atributo de una organización política, mientras que la libertad religiosa es un derecho de las personas. En cualquier posible controversia, por tanto, debe prevalecer la libertad religiosa en tanto que derecho humano fundamental; no olvidemos que nuestra propia Constitución ya ha incorporado el principio *pro persona*, que establece que en cualquier interpretación jurídica de un derecho humano debe buscarse el mayor beneficio para los seres humanos, y después de la reforma constitucional de 2012 se incorporó el derecho a la libertad religiosa a nuestra ley fundamental.

Hemos visto en los últimos años, junto con el esfuerzo común por construir instituciones incluyentes y democráticas, el resurgimiento en México de un laicismo radical, intolerante y excluyente, que pretende, entre otras cosas, excluir a los creyentes de los grandes debates morales contemporáneos relacionados con temas de bioética, familia o derechos humanos. Por eso es que podemos afirmar que hay una agenda pendiente en materia de libertad religiosa en nuestro país, a fin de alcanzar una situación de plena normalidad democrática. El pan lo ha sostenido de manera clara desde 1939:

> El Estado no tiene ni puede tener dominio sobre las conciencias, ni proscribir ni tratar de imponer convicciones religiosas. Siempre que ha pretendido hacerlo, quebranta la unidad y el vigor de la nación, subvierte el orden social y ataca la dignidad humana.
>
> La libertad religiosa, de convicción, de práctica y de enseñanza, debe ser real y plenamente garantizada en México y debe desaparecer de las leyes y de la actividad del Estado toda medida directa o indirectamente persecutoria. En ello están comprometidos la unidad y el derecho nacionales.[40]

Las relaciones internacionales

El Partido Acción Nacional ha buscado defender, en el ámbito internacional, los mismos principios y valores que en el ámbito doméstico: la dignidad humana, el bien común, la solidaridad y la subsidiariedad. En materia de política exterior éstos se desdoblan en tesis programáticas como la defensa de los derechos humanos, la democracia, las libertades públicas o la apertura comercial, entre otros.

[40] Partido Acción Nacional, *Principios de doctrina...*

En materia de relaciones exteriores, desde la fundación del partido, los panistas han defendido también una vinculación privilegiada con la comunidad de naciones iberoamericanas, con la que existe una solidaridad natural porque compartimos historia y cultura. No se puede desconocer, por otro lado, la relación necesaria que existe con Estados Unidos, país con el que compartimos frontera e intereses comerciales, y en el que viven millones de mexicanos. Igualmente, la relación con los países de la Unión Europea debe fortalecerse, ya que constituye una oportunidad para México ante la relación con Estados Unidos desde el triunfo de Donald Trump.

La globalización es una realidad que no se puede detener. Sin embargo, sí es posible imprimirle un sello humanista: así, la globalización se convierte en mundialización, término acuñado por Carlos Castillo Peraza para referirse a la globalización de valores como la solidaridad, el respeto a las tradiciones e identidades locales, y el Estado de derecho. Este autor escribió:

Se pasa del *globo* al *mundo* cuando el *globo* es abordado en tanto que tierra de hombres, habitación de familias y pueblos, lugar en que los seres humanos se organizan para vivir humanamente coordinando razonablemente sus racionalidades, sus libertades y sus dignidades en beneficio del conjunto, con base en una ley justa y en una autoridad legítima.[41]

Este concepto fue retomado por los *Principios de doctrina* del PAN, en su proyección de 2002:

Para la globalización no hay personas ni comunidades con historia, cultura, necesidades y proyectos, sino entes

[41] Carlos Castillo Peraza, "El globo en busca de mundo", *Nexos*, enero de 1998.

económicos dentro de un mercado global. La mundialización, en cambio, es protagonizada por personas, comunidades y naciones que se relacionan entre ellas con libertad y dignidad, las cuales, al lado de la estructura tecnológica y económica mundial, construyen leyes e instituciones responsables y solidarias, que brindan un marco de acción conocido, construido y aceptado por todos, con pleno respeto a la cultura, tradición, valores y creencias de cada pueblo.[42]

Desde 1998, el pan forma parte de la Internacional Demócrata de Centro (IDC) y la Organización Demócrata Cristiana de América (ODCA), asociaciones que congregan partidos de todo el mundo que comparten la doctrina del humanismo político. Podemos afirmar que el pan es uno de los tres partidos humanistas más fuertes e influyentes del planeta, junto con el Partido Popular de España y la Unión Cristiano Demócrata de Alemania.

Esta visión de las relaciones internacionales tuvo consecuencias importantes durante los 12 años que el pan encabezó el gobierno federal. Hagamos un poco de historia.

Desde los años treinta del siglo pasado, el régimen priista gobernó bajo la llamada *Doctrina Estrada*, la cual estaba basada en los principios de no intervención y libre determinación de los pueblos. En los hechos, significaba que México se abstuviera de emitir alguna opinión en los organismos internacionales acerca de las decisiones de política interna de otros países. Implícitamente, esta doctrina buscaba también que los demás países no opinaran sobre la política interna de México, la cual, como sabemos, no era democrática. Hay que resaltar, sin embargo, que esta Doctrina se cumplía a medias, ya que el régimen priista sí que condenaba la política interna

[42] Partido Acción Nacional, *Proyección de Principios...*

de países que no correspondían con su paradigma ideológico
–la España de Franco o el Chile de Pinochet son dos buenos
ejemplos– y en cambio apoyaba a aquellos con los que supuestamente compartía ideales revolucionarios –como la Cuba de
Fidel Castro o la Nicaragua sandinista–.

Cuando Vicente Fox llegó al poder en el año 2000, el gobierno mexicano llevó a cabo un cambio drástico en materia
de política exterior, a partir de la defensa de los valores democráticos en la esfera internacional. Con un gobierno electo
democráticamente, México tenía la legitimidad –e incluso la
obligación– para señalar violaciones a las libertades y a los
derechos humanos en otros países. Esto generó graves tensiones e incluso incidentes bochornosos con líderes autoritarios
como Fidel Castro o Hugo Chávez. También el gobierno de
Felipe Calderón se distinguió por la defensa de las libertades
públicas, la democracia y los derechos humanos en los organismos multilaterales, así como por la colaboración con otros
países en la lucha antiterrorista. México se empezó a posicio-
nar como un actor valiente en la esfera internacional defendiendo los valores humanistas.

El regreso del PRI al poder, en el año 2012, supuso también regresar a la anacrónica *Doctrina Estrada*. Así, hemos
visto con tristeza cómo México, con tal de *llevar la fiesta en
paz* con otras naciones, ha permanecido impasible ante violaciones a los derechos humanos en países como Venezuela
o Cuba, salvo por las tímidas e insuficientes medidas que se
pretendieron impulsar en la Asamblea General de la Organización de Estados Americanos de 2017. Hemos perdido peso
y prestigio a nivel internacional.

La doctrina panista llevada a la práctica: logros de los gobiernos panistas

A lo largo de sus casi ocho décadas de presencia en la vida pública, el Partido Acción Nacional (PAN) ha obtenido importantes logros a partir de su identidad ideológica y doctrinal. Decía Alonso Lujambio que este partido había civilizado la política en México, porque había logrado la hazaña, verdaderamente excepcional en política comparada, de derrotar pacífica y electoralmente al régimen autoritario más longevo del siglo XX.

Acción Nacional ha tenido triunfos importantes durante su trayecto histórico. Carlos Castillo Peraza hablaba de la victoria cultural que el PAN obtuvo cuando el resto de los partidos políticos incorporaron a su lenguaje y a su plataforma propuestas históricas panistas, como la apertura económica, la libertad educativa, la ciudadanización de la autoridad electoral, la credencial para votar con fotografía o el restablecimiento de relaciones con las iglesias. En este capítulo quiero repasar algunos de los éxitos que el PAN ha logrado a través de la política y que son paradigmáticos de su doctrina. Es decir, quiero mostrar cómo algunas propuestas ideológicas del PAN se han llevado a la práctica y, de esta manera, han transformado positivamente la realidad mexicana.

Los logros de Acción Nacional, en sus 78 años de historia, son muchos. Algunos ya los hemos mencionado en las páginas anteriores. No se trata aquí de hacer un recuento exhaustivo. Mucho menos de presentar los informes de gobierno de los sexenios de Vicente Fox y Felipe Calderón, abrumado al lector con cifras, estadísticas y gráficas. Quiero mencionar simplemente algunas de aquellas políticas públicas impulsadas cuando el PAN estuvo en el poder que son emblemáticas y que sirven como ejemplo de la identidad ideológica del partido, es decir, que fueron diseñadas desde la perspectiva del humanismo político del que hemos hablado y que, por esa razón, lo diferencian de las que han impulsado partidos con otras ideologías.

La defensa de los derechos humanos

Acorde con el principio de la eminente dignidad de la persona humana, Acción Nacional ha defendido siempre la necesidad urgente de proteger de la mejor manera posible los derechos inalienables de todos los seres humanos. Fue un gobierno panista, el de Ernesto Ruffo en Baja California, entre 1989 y 1995, el primero que creó a nivel local una Procuraduría para la Defensa de los Derechos Humanos, en una época en la que no existía ni siquiera a nivel federal una institución que se dedicara a su promoción y defensa.

Desde la creación de la Comisión Nacional de los Derechos Humanos en 1992, el PAN insistió en la pertinencia de que tuviera autonomía constitucional, a fin de que no dependiera del gobierno y, por tanto, pudiera actuar con completa libertad. Eso se logró en 1999. Ya en el gobierno federal, Acción Nacional impulsó diversas reformas constitucionales en materia de derechos humanos, como la que reconoció los derechos de los pueblos y comunidades indígenas en 2002.

Sin embargo, la reforma en materia de derechos humanos de mayor envergadura en la historia de México se llevó a cabo en 2011, gracias al impulso del PAN. Esta reforma modificó por completo el enfoque que desde el Estado mexicano se hace de los derechos humanos. Algunos de sus aspectos más destacados son los siguientes:

- Reconocimiento de los derechos humanos en la Constitución.
- Incorporación a rango normativo constitucional de los derechos contenidos en los tratados internacionales.
- Precisión de la regulación del estado de excepción.
- Enunciación de los derechos que por ninguna circunstancia pueden ser suspendidos.
- Reconocimiento del derecho de audiencia en el procedimiento de expulsión de extranjeros.
- Obligación constitucional a educar en materia de derechos humanos.
- Precisión constitucional en el derecho de toda persona a solicitar y recibir asilo en caso de persecución.
- Fortalecimiento de las facultades de los organismos públicos autónomos defensores de derechos humanos.

Desde su promulgación en 1917, la Constitución mexicana hablaba sobre las garantías individuales, no de derechos humanos. Y estas garantías serían otorgadas por el Estado. El texto original del artículo primero decía:

> En los Estados Unidos Mexicanos todo individuo gozará de las garantías que otorga esta Constitución, las cuales no podrán restringirse ni suspenderse, sino en los casos y con las condiciones que ella misma establece.

El verbo otorgar, según el Diccionario de la Real Academia Española de la Lengua, significa "consentir, condescender o conceder algo que se pide o se pregunta", así como "hacer merced y gracia de algo". Es decir, según el texto original de nuestra Carta Magna, las garantías individuales serían lo más parecido a una graciosa concesión del Estado mexicano, pero no algo que toda persona debiera gozar por el simple hecho de serlo.

Con la reforma de 2011, el texto del primer artículo quedó en esta parte de la siguiente manera:

> En los Estados Unidos Mexicanos todas las personas gozarán de los derechos humanos reconocidos en esta Constitución y en los tratados internacionales de los que el Estado Mexicano sea parte, así como de las garantías para su protección, cuyo ejercicio no podrá restringirse ni suspenderse, salvo en los casos y bajo las condiciones que esta Constitución establece.

Se sustituye el verbo *otorgar* por *reconocer*, que, según el mismo diccionario aludido, tiene múltiples significados de los que nos interesan dos: "examinar con cuidado algo o a alguien para enterarse de su identidad, naturaleza y circunstancias" y "acatar como legítima la autoridad o superioridad de alguien o cualquier otra de sus cualidades". En este caso, se acata como legítima la existencia previa de unos derechos naturales en toda persona, anteriores y preexistentes al propio Estado, el cual los reconoce y se compromete a garantizarlos y protegerlos.

Este cambio no es menor. Para el Partido Acción Nacional era de una relevancia enorme. Desde su fundación, el PAN hizo de la defensa de los derechos humanos una de sus razones de ser. En los *Principios de doctrina* aprobados en la Asamblea Constituyente se afirma:

> La persona humana tiene una eminente dignidad y un destino espiritual y material que cumplir, razón por lo que la

colectividad y sus órganos deben asegurarle el conjunto de libertades y de medios necesarios para cumplir dignamente ese destino.[43]

En esta reforma constitucional fue establecido el principio *pro persona*, según el cual cuando existan distintas interpretaciones posibles de una norma jurídica se deberá elegir la que más proteja al titular, es decir, la interpretación más extensiva cuando se trate de derechos protegidos y, por el contrario, la interpretación más restringida cuando se trate de establecer límites a su ejercicio.

A partir del impulso de esta reforma en materia de derechos humanos, tiempo después, en 2012, se aprobó otra reforma constitucional al artículo 24, la cual tuvo como objetivo establecer expresamente el derecho a la libertad religiosa en nuestra ley fundamental. Sin duda, esta reforma es motivo de celebración considerando que la historia de nuestro país tuvo episodios oscuros en los que el gobierno persiguió y discriminó a miles de personas por motivaciones religiosas, tal y como veíamos en el capítulo anterior.

Finalmente, esta reforma al artículo primero en materia de derechos humanos respondió claramente a la visión humanista del PAN, que antepone la dignidad humana a la propia existencia del Estado, el cual está para servir a las personas y no al revés, tal y como ocurre en los regímenes totalitarios. Por lo tanto, es claramente emblemática de la doctrina panista, aunque en su aprobación se sumaron también otras fuerzas políticas.

---

[43] Partido Acción Nacional, *Principios de doctrina...*

Democracia, libertades públicas
y separación de poderes

Como ya se ha dicho a lo largo de estas páginas, durante gran parte del siglo xx México padeció un régimen autoritario centrado en la figura del presidente de la república, este último controlaba todos los resortes del poder no solamente gracias a las atribuciones que le otorgaba la Constitución sino, sobre todo, debido a los poderes metaconstitucionales que le permitían dominar su partido y los demás poderes, tanto federales como locales. Asimismo, como encabezaba un esquema corporativo, tenía una enorme influencia sobre sindicatos y asociaciones. Como todo régimen autoritario, el mexicano recurría a la represión de sus opositores. Represión que, más que sistemática, era selectiva, pero no por ello menos dramática. Así, se pudo ver después del fraude electoral de las elecciones de 1940, el movimiento ferrocarrilero de 1958, el movimiento estudiantil de 1968 o la Matanza de Corpus de 1971, entre otras. Los medios de comunicación carecían de libertad para expresar sus puntos de vista y muchos de ellos estaban completamente cooptados por el gobierno mediante todo tipo de dádivas y prebendas. La censura era una realidad cotidiana.

Las diversas reformas políticas, muchas de ellas promovidas por Acción Nacional, lograron un sistema electoral competitivo y equitativo, gracias al cual la oposición fue conquistando diversos espacios de poder a nivel local y a nivel legislativo, y en 2000 se produjo la tan anhelada alternancia en el Poder Ejecutivo. Cuando Vicente Fox llegó al gobierno federal se transformó radicalmente el presidencialismo absoluto que había imperado en México durante siete décadas. A partir de la alternancia, el presidente de la república tiene ahora las facultades que le otorga la Constitución, pero carece ya de los poderes ilimitados de antaño. Tanto Vicente Fox como

Felipe Calderón gobernaron respetando en todo momento la división de poderes, así como las atribuciones de los órganos constitucionales autónomos.

Hay que resaltar que ni Fox ni Calderón tuvieron mayoría legislativa, por lo que no pudieron sacar adelante toda su agenda de reformas por la que habían votado los mexicanos. Hay que sumar la mezquindad de la oposición, particularmente del Partido de la Revolución Democrática (PRI), que con tal de hacer fracasar al gobierno en turno negó sistemáticamente su apoyo parlamentario para aprobar diversas medidas que eran indispensables para el futuro de México y que, paradójicamente, cuando regresó al poder en 2012 se dedicó a impulsar con el apoyo del PAN, el cual no quiso caer en la misma actitud perversa que tuvo el PRI cuando era oposición.

Los gobiernos del PAN siempre fueron respetuosos de las decisiones del Congreso. Por supuesto que hubo controversias públicas, como cuando se le negó a Fox el permiso para salir del país en una gira internacional en 2002 o cuando el Ejecutivo impugnó ante la Suprema Corte de Justicia de la Nación el presupuesto aprobado por la Cámara de Diputados en 2004. Pero en ningún momento los gobiernos panistas pretendieron gobernar sin el Congreso ni, mucho menos, conspirar en contra suya, como por desgracia ha ocurrido en buena parte de los gobiernos divididos que se han presentado en América Latina.

De la misma manera, los gobiernos de Acción Nacional fueron respetuosos de las resoluciones del Poder Judicial, aun cuando en muchas ocasiones no les favorecieron. Llama la atención que varios de los ministros de la Corte promovidos por los presidentes panistas después votaron en contra de controversias o acciones de inconstitucionalidad presentadas por estos mismos presidentes, como ocurrió, por ejemplo, en las acciones de inconstitucionalidad presentadas por la Procuraduría General de la República a las reformas que fueron aprobadas por la Asamblea Legislativa del Distrito Federal respecto al aborto o al matrimonio entre personas del mismo sexo. Lo anterior es una muestra más de que en ningún momento Fox ni Calderón pretendieron llenar de funcionarios incondicionales a tan importante órgano del Estado mexicano ni existió una presión indebida previa a sus resoluciones.

Del mismo modo, el país vivió inéditos espacios de libertad de expresión entre los años 2000 y 2012. Quizá nunca antes en la historia de México los medios de comunicación habían tenido tanta libertad para informar y opinar acerca de lo que estaba pasando en nuestro país. Las críticas hacia los gobernantes, impensables en cualquier gobierno previo, fueron una característica de esta época. La censura desapareció por completo. Basta revisar en las hemerotecas o videotecas para descubrir el nivel de libertad que existió, con programas de televisión, por ejemplo, que ridiculizaban al mismísimo presidente de la república o que presentaban de manera cruda y poco cuidadosa algunos de los efectos de la lucha contra el crimen organizado emprendida por el gobierno federal. De igual modo, terminaron muchas de las prácticas corruptas de antaño en la relación del gobierno federal con los medios de comunicación, las cuales implicaban una cooptación económica a cambio de publicar noticias favorables al poder. Incluso, en el 2010 se creó una Fiscalía Especial para la Atención de Delitos Cometidos contra la Libertad de Expresión y se establecieron mecanismos de protección a periodistas. Hay que decir que mucha de esta libertad terminó tras el regreso del PRI al gobierno federal, aunque es cierto que el desarrollo tecnológico ha permitido que los ciudadanos puedan enterarse de lo que ocurre a través de las redes sociales sin ningún tipo de censura.

Estas nuevas tendencias republicanas y de libertades públicas, instauradas por los gobiernos del PAN, son consistentes con la doctrina del humanismo político que el partido ha defendido desde su fundación. Como hemos visto en estas páginas, una de las grandes luchas del Acción Nacional ha sido la democratización del sistema político, lo cual no solamente implicaba el respeto el voto emitido por los ciudadanos, sino también una nueva forma de relación entre la autoridad y los ciudadanos en la que prevalezcan las libertades.

Estabilidad y desarrollo económico

Ya hemos hablado de la importancia que tiene la estabilidad económica para el desarrollo de un país. En México, ésta no existió durante décadas, en las que las crisis eran recurrentes y las familias perdían, a causa de ellas, gran parte de su patrimonio. En ese sentido, podemos decir que uno de los grandes logros de los gobiernos panistas es que el poder de compra del peso se estabilizó, ya que la inflación se ubicó en los niveles más bajos en comparación con los 32 años anteriores. El promedio de la inflación anual en el periodo 2001-2012 fue de 4.5%, muy inferior al promedio de 20% que se registró los 12 años anteriores, entre 1989 y 2000.[44]

De 1989 a 2000 el promedio de acumulación de reservas internacionales fue de 20 mil millones de dólares mientras que entre los años 2001 y 2012 creció a 85 mil millones de dólares. El nivel de las reservas internacionales aumentó notablemente de 33 555 millones de dólares en 2000 a 163 592 al cierre de 2012. ¿Por qué es esto importante? Las reservas internacionales son activos financieros externos de disposición inmediata y que están bajo la administración del Banco de México. Son flujos que, al acumularse, se convierten en un

[44] Veáse: Banco de México, *Inflación* [en línea], disponible en: <http://www.banxico.org.mx/portal-inflacion/index.html> [consulta: 10 de septiembre de 2017].

acervo de divisas que representa el patrimonio en dólares de un país, y que sirven como una especie de seguro para enfrentar los desequilibrios macroeconómicos y financieros, sean de origen interno o externo. De esta forma, las reservas internacionales disminuyen la vulnerabilidad de una economía ante eventos que puedan causar incertidumbre y volatilidad.

Otro dato contundente, entre 2000 y 2012, el monto promedio de la inversión extranjera directa se triplicó en comparación con el periodo 1989-2000, pasó de 8.9 mil millones de dólares a 24.4 mil millones de dólares. Esto quiere decir que, como consecuencia de la estabilidad económica, en el extranjero había mucha más confianza para invertir en México.

Con los gobiernos del PAN, la deuda pública disminuyó cerca de 20 puntos porcentuales del Producto Interno Bruto (PIB): en 1998, la deuda pública representó 57% mientras que en 2012 fue de 36%. Por cierto, la deuda pública ha vuelto a aumentar con el regreso del PRI al gobierno, lo que sin duda compromete el futuro económico del país.

Además, como resultado de esta inédita confianza en la economía del país causada por la estabilidad y el manejo responsable de las finanzas públicas, se disparó el crédito para consumo, que se multiplicó casi por 10 entre 2000 y 2012, y el crédito para vivienda, que se triplicó. De esta forma, más personas pudieron tener acceso a diferentes bienes y servicios y muchas familias pudieron adquirir una casa propia.

El crecimiento económico anual promedio en los doce años de gobiernos panistas fue de alrededor de 2%. Sin duda, se trata de un número bajo, pero que hay que entender en su contexto. Por un lado, el país vivió, entre 2008 y 2009, los efectos de una grave crisis económica internacional, quizá la más grave desde 1929. A diferencia de otros países, México salió adelante con relativa rapidez. Por el otro, en esos 12 años no se llevaron a cabo diversas reformas que hubieran sido indispensables para detonar el crecimiento económico, como la energética, la laboral o la fiscal. Esto fue así debido a que los partidos de oposición, que tenían mayoría en el Congreso, no quisieron coadyuvar con el gobierno a aprobar esas reformas cuando eran más necesarias, pese a la insistencia del Acción Nacional. Cuando el pan regresó a la oposición asumió una postura mucho más responsable, apoyó algunas de esas reformas para que salieran adelante. Sin embargo, el problema es que llegaron demasiado tarde –como en el caso de la energética– y que, además, han sido mal implementadas desde el gobierno.

Transparencia y combate a la corrupción

Por increíble que parezca, antes del año 2000 la información sobre lo que hacía el gobierno federal y el Estado mexicano en su conjunto no era pública. No teníamos idea sobre cuánto ganaba un diputado, quiénes eran los proveedores del gobierno, o cómo se invertían los recursos del presupuesto. Las acciones de los funcionarios públicos y la información del gobierno eran inaccesibles para los ciudadanos. Todo era opacidad en nuestro país. Es más, hasta existía un rubro en el presupuesto llamado *partida secreta*, una cantidad considerable de recursos que el presidente podía utilizar totalmente a discreción, sin ningún tipo de auditoría ni rendición de cuentas.

Todo esto cambió de forma drástica cuando el pan asumió la presidencia. En el año 2002 se promulgó la Ley Federal de Transparencia y Acceso a la Información Pública Gubernamental, una de las primeras en su tipo en todo el mundo, en la que se establecían las bases para que cualquier ciudadano pudiera enterarse, con lujo de detalle, cómo el gobierno federal ejerce los recursos públicos. Como consecuencia de esta ley se creó entonces el Instituto Federal de Acceso a la Información (IFAI), el cual ha adquirido más facultades tanto en el ámbito federal como en el local, además de ser actualmente un órgano constitucional autónomo. Hoy en día, cualquier institución o dependencia, nacional o local, que ejerza recursos públicos está obligada a informar sobre el destino de los mismos.

Gracias a los gobiernos del PAN, se instauró en México un régimen de transparencia que significa un cambio profundo en las relaciones entre los ciudadanos y el Estado. Por eso su importancia no es menor. La transparencia y el acceso a la información pública es un apoyo consustancial a la democracia. No se puede hablar de democracia si hay opacidad; a través de los instrumentos de la transparencia es posible controlar al poder democrático, obligarlo a rendirle cuentas a la sociedad. No es casualidad que los gobiernos autoritarios no rindan cuentas de sus actos, se conduzcan en las sombras y en secreto y utilicen recursos públicos para obtener beneficios privados. La transparencia, así, se configura como un elemento indispensable para prevenir y disuadir la corrupción.

Cuando hablamos de un gobierno obligado a informar con transparencia, nos referimos a un orden político en el que los ciudadanos son los principales protagonistas y adquieren la relevancia que debieran tener en toda sociedad democrática. Significa que el gobierno es una organización al servicio de la sociedad y no de intereses particulares. Supone crear una cultura de responsabilidad, de rendición de cuentas, en la que cambia la concepción de la administración pública y permea la idea de que los gobernantes son simplemente servidores públicos que cumplen con su función no por una concesión que ellos se permiten dar, sino porque así los manda la ley, la cual los sujeta a un escrutinio permanente.

Nuevamente, aquí se puede apreciar la visión ideológica y doctrinaria del humanismo político, ya que la transparencia y el acceso a la información pública, sin duda alguna,

contribuyen a la construcción del bien común porque disua-
den y previenen actos de corrupción. Además, permiten tener una democracia que no se circunscriba únicamente a la
parte electoral, sino que empodere a los ciudadanos y ponga
límites a la autoridad, algo que el PAN ha buscado desde su
fundación.

Un nuevo modelo de política social: el programa Oportunidades

Durante décadas, la política social en México había sido tremendamente ineficaz. El régimen político que decía ser heredero de los ideales de una revolución social, no fue capaz de
construir las condiciones para generar una sociedad próspera
y equitativa. Durante muchísimos años de gobiernos priistas,
la política social implementada no sólo no había reducido la
pobreza, sino que su propio diseño asistencialista ocasionaba
la existencia de clientelas políticas al servicio del partido en el
gobierno. Así pasó, por ejemplo, con el programa Solidaridad,
diseñado por Carlos Salinas de Gortari para que el PRI se recu-
perara electoralmente después de la elección presidencial de
1988. El programa Solidaridad apoyaba a comunidades organizadas mediante líderes, que eran los que discrecionalmente
repartían los beneficios con la condición de que apoyaran al
partido del gobierno.

Cuando el PAN llegó a la presidencia, hubo una transformación profunda en la política social, acorde con sus principios doctrinarios. La responsable de implementar esta nueva visión fue Josefina Vázquez Mota, entonces secretaria de
Desarrollo Social. Se creó el Programa de Desarrollo Humano
Oportunidades, que se planteaba como fin último potenciar
las capacidades de las familias que vivían en condiciones
de pobreza, para que pudieran alcanzar una mejor calidad

de vida por su propio esfuerzo e iniciativa. Este programa tenía dos objetivos generales:

1. Incrementar las capacidades básicas de las familias en situación de pobreza mediante una triada estratégica de acciones integrales en educación, salud y alimentación; y
2. Ampliar el acceso de las familias en condiciones de pobreza de capacidades a mayores oportunidades de desarrollo, fomentando la seguridad y autosuficiencia de los individuos, así como fortaleciendo su patrimonio.

Desde sus inicios, el programa buscó no sólo proteger los ingresos de las familias, sino que su objetivo central fue evitar la transmisión generacional de la pobreza. Por ello, se puso énfasis en generar actitudes y comportamientos que protegieran el capital humano de los hogares pobres y los motivaran a invertir en su propio desarrollo. Con ese fin, se definieron corresponsabilidades en educación, salud y alimentación, como requisitos básicos para adquirir y mantener los beneficios del programa.

El programa Oportunidades estaba basado en transferencias directas a la población objetivo, las cuales se encontraban condicionadas a una serie de comportamientos destinados a proteger y desarrollar el capital humano de las familias pobres. Además, se enfatizó la aplicación de mecanismos rigurosos de monitoreo y evaluación, con el fin de generar información objetiva para mejorar los resultados del programa. Para ello, se creó el Comité Técnico para la Medición de la Pobreza, que después se transformó en el Consejo Nacional de Evaluación de la Política de Desarrollo Social (Coneval), el cual hoy en día cuenta con autonomía constitucional y se ha convertido en un elemento decisivo para medir los avances y retrocesos en la materia.

Oportunidades proporcionaba también una pequeña cantidad de dinero a estudiantes en situaciones de desventaja una vez que terminaban sus estudios de preparatoria, como incentivo para hacer estudios superiores, empezar un negocio o invertir en patrimonio. Había también un esquema diferenciado de apoyo para aquellas familias que habían logrado un progreso socioeconómico, a fin de ayudarlas a dejar su dependencia del programa.

Durante los gobiernos panistas, el programa Oportunidades tuvo impactos significativos en la educación, salud, consumo, ahorro, inversión, emprendimiento y violencia de género en las familias beneficiarias. La pobreza alimentaria en nuestro país se redujo de 24.1% a 19.7%, a pesar de la durísima crisis financiera internacional que se padeció entre 2008 y 2009. Entre 2000 y 2012, el porcentaje de la población con ingresos inferiores a 1.25 dólares diarios se redujo de 9.4 a 4. Oportunidades era un programa bien diseñado, que trascendía la visión clientelar y electoralista, y que respondía al propósito humanista de aumentar las capacidades de las personas en situación de desventaja para que éstas pudieran competir en igualdad de oportunidades.

Cuando el PRI regresó al poder también volvió la visión electorera de la política social. Se creó una *Cruzada contra el hambre* que beneficiaba prioritariamente a aquellos municipios con procesos electorales y que eran rentables para el Revolucionario Institucional. Los resultados no se hicieron esperar: entre 2012 y 2014 aumentó la pobreza en este país en más de dos millones de personas.

Seguro Popular

En 2000 más de 60% de la población mexicana no tenía acceso a servicios de salud, no estaba incluida en la cobertura proporcionada por el Instituto Mexicano del Seguro Social (IMSS) y el Instituto de Seguridad y Servicios Sociales de los Trabajadores del Estado (ISSSTE). La gran mayoría de los no derechohabientes eran campesinos y trabajadores del sector informal que tenían alto riesgo de empobrecimiento por gastos en salud. De ahí que surgiera la necesidad de proporcionar un seguro de bajo costo. Así nació el Seguro Popular, que buscaba reducir el llamado *gasto de bolsillo* en salud, que es el gasto realizado por una familia por concepto de consultas médicas y compra de medicamentos. Éste tiene mayor impacto en las familias de bajos ingresos. Muchísima gente perdía su patrimonio por culpa de alguna enfermedad.

El Seguro Popular se financia con recursos que asignan la Federación, las entidades federativas y cuotas de los beneficiarios, en el caso de estos últimos de acuerdo con sus capacidades económicas. Así, el Estado garantiza el acceso a la salud; un acceso efectivo, oportuno, de calidad, sin desembolso al momento de su utilización y sin discriminación a los servicios médico-quirúrgicos, farmacéuticos y hospitalarios. El Seguro Popular ofrece la cobertura en más de 1 600 enfermedades y actualmente cuenta con más de 54 millones de afiliados. Se calcula que, desde su implementación, los pacientes han gastado 25% menos en servicios de salud y los casos de personas que cayeron en la pobreza por tener que pagar un tratamiento sanitario se han reducido en 15%.

El Seguro Popular es otro ejemplo de política pública exitosa inspirada en los principios del humanismo político. Tiene una visión claramente subsidiaria, en donde las personas, las entidades federativas y el gobierno federal se coordinan para apoyar a los más vulnerables.

Inversión en infraestructura

Si algo caracterizó profundamente a los dos gobiernos federales panistas fue la inversión y el desarrollo en infraestructura, de tal manera que México pudiera aprovechar mejor su
enorme potencial geográfico y tener como resultado un mejor desarrollo económico.

El desarrollo de infraestructura trae progreso y competitividad a un país. Es, sin duda, una de las más redituables inversiones. Invertir en infraestructura es propio de los gobiernos que quieren crear condiciones para el desarrollo personal
y colectivo, es decir, es una manera de lograr el bien común
en el que tanto insiste el humanismo político. En los gobiernos panistas la inversión en infraestructura se promovió tanto
desde el presupuesto de egresos como a través de novedosos
esquemas de financiamiento público-privados, es decir, se
puso en marcha a partir de una perspectiva subsidiaria.

No vamos a abundar aquí en la muchísima obra pública que se hizo durante los 12 años de las administraciones de
Acción Nacional, en las que, en materia de infraestructura, el
país cambió de rostro. Simplemente mencionaremos algunos
de los ejemplos más notables.

Hubo nuevos proyectos carreteros verdaderamente
trascendentes, como la autopista Durango-Mazatlán, que
atraviesa la Sierra Madre Occidental y permite una conexión
más fácil entre el Pacífico y el Atlántico; también fue muy relevante la construcción del Arco Norte, que comunica el Golfo
con el centro del país sin necesidad de atravesar, como ocu-
rría antes, la Ciudad de México. Se modernizaron miles de
kilómetros de carreteras ya existentes, con lo que el índice
de accidentes se redujo considerablemente. Entre otros puer-
tos, tuvieron ampliaciones los de Altamira, Tampico, Lázaro
Cárdenas, Manzanillo y Guaymas. Y se construyeron nuevos
edificios terminales en los aeropuertos de las ciudades de

México, Cuernavaca, Monterrey, Toluca, Guadalajara, Puerto Vallarta, Puebla, Querétaro, Hermosillo y Tijuana, entre otros, y se construyó una segunda pista en el aeropuerto de Cancún, así como un nuevo aeropuerto en Palenque y Puerto Peñasco.

Hubo también avances importantes en el sector hidráulico, quizá el más sobresaliente fue el inicio de la construcción del Túnel Emisor Oriente, la obra de drenaje más grande del mundo, que una vez que funcione plenamente permitirá prevenir inundaciones graves en la Ciudad de México.

Como resultado de esa intensa política de desarrollo de infraestructura y obra pública, durante los gobiernos panistas se incrementó el acceso de la población a los servicios públicos, se generaron cientos de miles de empleos permanentes, se impulsó la actividad turística y se fomentó el desarrollo regional.

La política cultural

Hemos insistido en que el bien común abarca condiciones tanto materiales como espirituales para que las personas se puedan desarrollar de forma integral. También hemos dicho que en lo que respecta al ámbito personal de cada individuo el Estado no debe entrometerse, sino más bien ser muy respetuoso de sus creencias y valores. Lo mismo ocurre con el mundo de la cultura. Cuando el Estado ha pretendido imponer un modelo artístico o cultural, con frecuencia ha caído en el totalitarismo, ya que utiliza la cultura como un instrumento de persuasión en torno a un proyecto político.

A partir de esa visión, durante los 12 años que el PAN encabezó el gobierno federal, la política cultural respondió a un nuevo paradigma humanista. Se buscaron crear condiciones que acercaran la cultura a toda la población, respetando la pluralidad y abriendo la puerta a expresiones que antes habían sido estigmatizadas. Se quería que cada persona, desde su muy particular subjetividad y libertad, desarrollara sus propias inclinaciones y aficiones artísticas.

En materia cultural, entre otras cosas, se promovió un estudio desapasionado de la historia de México, dejando de lado los dogmas y tabúes ideológicos de antaño; se amplió y modernizó la infraestructura cultural, como fue el caso de la Cineteca Nacional, la Fonoteca o la Biblioteca de México José Vasconcelos, se preservó el legado cultural y artístico de México, y se promovió la defensa del idioma español. En todos estos propósitos jugó un rol decisivo Consuelo Sáizar, quien estuvo al frente de instituciones tan importantes como el Fondo de Cultura Económica o el Consejo Nacional para la Cultura y las Artes.

La identidad política e ideológica del PAN hacia el futuro

A 78 años de su fundación, el Partido Acción Nacional (PAN) es un actor fundamental en la vida pública en México: tiene bancadas fuertes en la Cámara de Diputados y en el Senado, gobierna en numerosos estados y en cientos de municipios, y su estructura partidista está desplegada por todo el territorio nacional, además de que mantiene vigorosas relaciones con partidos afines de otras partes del mundo. Acción Nacional ha hecho aportaciones innegables al proceso de democratización en nuestro país, al grado de que podemos afirmar que no se entendería la historia reciente de México sin la participación de este partido.

En los anteriores capítulos he intentado hacer una aproximación a la doctrina e ideología panista, basada en el humanismo político, así como la forma en que se ha traducido en algunas acciones, leyes y programas de gobierno. A partir de ahí, podemos hablar acerca de la identidad específica del PAN, de aquello que lo hace distinto y distinguible frente a otras opciones políticas.

Quiero insistir en que no es cierta aquella afirmación que dice que todos los partidos son iguales. Definitivamente no es así. No da igual votar por un partido o por otro o no emitir el sufragio. Las consecuencias son diferentes, precisamente porque las ideas y la identidad que le dan forma a cada partido político provienen de una tradición distinta. Este capítulo tratará de la identidad panista, basada no solamente en su doctrina e ideología, sino también en sus valores de conducta, aquello que los propios panistas llaman *mística*.

¿A qué nos referimos cuando hablamos de identidad?

La identidad es aquello que distingue a algo, lo que lo hace diferente de los demás. Es lo que le da cohesión a una organización. Si habláramos en términos metafísicos, diríamos que la identidad es esencia de un ente, su capacidad de permanecer fiel al propio ser aunque cambien la existencia o los accidentes. Si habláramos en términos económicos, diríamos que la identidad es la ventaja comparativa y competitiva de un producto sobre todos.

La identidad está presente en todas las organizaciones. Un equipo de fútbol, por ejemplo, tiene una identidad definida por el lugar geográfico que representa, por su historia, por los futbolistas que han jugado para él, por los colores de su uniforme, por los cánticos que hacen sus seguidores desde la tribuna en cada partido. Una universidad también posee una identidad específica que tiene que ver con su orientación pedagógica, el tipo de alumnos que ingresan y egresan, y las carreras que imparte. Los productos que se comercian en el mercado también tienen una identidad que los hace distintos a los demás y a través de la cual buscan conquistar la preferencia de los consumidores.

Los partidos políticos, al igual que cualquier institución humana, tienen identidad, es decir, un conjunto de valores asociados con ellos, una esencia que se convierte en tradición, aquello con lo que la gente los asocia. La identidad proviene de las ideas que se defienden, pero no se agota en ellas porque también tiene que ver con el estilo de quienes las enarbolan. En el PAN esto ha sido denominado *la mística*. Es, por tanto, un proceso interactivo tanto sociológico y político, como psicológico.

Para que una identidad partidista sea sólida se requiere la repetición de sus principales atributos, de manera que se fortalezca la marca. También se necesita que las acciones de sus miembros sean congruentes con los valores de la organización. Solamente así podrá haber una conexión duradera con el electorado. Timothy Scully y Scott Mainwaring, dos de los politólogos que más y mejor han estudiado a los partidos políticos, señalan que éstos son contenedores de reputación y memoria colectiva, es decir, los ciudadanos identifican a los partidos a partir de decisiones y comportamientos pasados, y eso les permite tener cierto grado de certidumbre sobre decisiones y comportamientos futuros.[45]

La identidad del PAN

En marzo de 1993, Carlos Castillo Peraza, en su discurso ante el Consejo Nacional que lo elegiría presidente del PAN, definió a la identidad como "la capacidad que un grupo humano tiene para, a partir de unos principios que no varían, dar respuestas nuevas e innovadoras a una realidad que cambia".[46] Hay aquí un elemento que es indispensable subrayar: la identidad de un partido político no es estática, no está congelada en el tiempo, sino que se adapta a los cambios, pero debe hacerlo a partir de un sustrato que permanece e

[45] Timothy Scully y Scott Mainwaring, *Building Democratic Institutions: Party Systems in Latin American*, California, Standford University Press, 1995.

[46] Carlos Castillo Peraza, "Ser con ustedes", en Luis H. Álvarez y Carlos Castillo Peraza (coords.), *La victoria cultural, 1987-1996*, México, EPESSA, 2002, p. 235.

imprime una suerte de carácter. El mismo autor señala que "los fundadores de tradiciones no miran hacia atrás; por el contrario, a partir de un enraizamiento sin ambages en el pasado, son capaces de elaborar y dejar como herencia una mirada acertada hacia adelante".[47] Así, podría asegurarse que un partido es la expresión política de una cultura determinada, pero, también, que es capaz de crear una cultura propia.

A partir de este punto, es pertinente preguntarnos: ¿cuál es la identidad del Partido Acción Nacional? El politólogo francés Maurice Duverger ha señalado que, en el caso de los partidos políticos, el origen es destino. Así, podemos, primeramente, responder la pregunta sobre la identidad del PAN acudiendo a un par de cartas escritas y enviadas por Manuel Gómez Morin durante el proceso de maduración de la idea de crear un nuevo partido. En la primera, fechada el 5 de octubre de 1928, se dirige a su maestro José Vasconcelos, señalando lo siguiente:

> Había empezado a tratar la formación de un grupo con objeto de ver si es posible antes de fin de año constituir un partido político nuevo con muchas gentes que hasta ahora no han intervenido en la política y con otras que sí lo han hecho, pero que los últimos acontecimientos las tienen alejadas de la vida pública. Un partido con un programa muy concreto, sin retórica, realizable y, sobre todo, teniendo como postulado fundamental el procurar despertar y mantener viva en México la conciencia de libertad y la lucha contra el terror.[48]

[47] Carlos Castillo Peraza, "Gómez Morin: Cien años y seis lecciones", *Nexos*, enero de 1997.

[48] "Carta de Manuel Gómez Morin a José Vasconcelos (5 de octubre de 1928)", en Lujambio, Alonso y Fernando Rodríguez Doval (comp.), 1939. *Documentos fundacionales del pan*, México, Partido Acción Nacional, 2009, p. 450.

Un mes después, Gómez Morin envío otra carta a Vasconcelos en la que le dejó muy claro que la lucha política no puede ser un episodio efímero, como él consideraba que sería su posterior campaña presidencial, sino algo permanente y de largo plazo:

> Yo siempre he creído que lo importante para México es lograr integrar un grupo, lo más selecto posible, en condiciones de perdurabilidad de manera que su trabajo, sin precipitaciones, pueda ir teniendo cada día, por esfuerzo permanente, un valor y una importancia crecientes.
>
> No creo en grupos de carácter académico; pero tampoco en clubs de suicidas. Y no porque niegue la eficacia del acto heroico de un hombre que se sacrifica por una idea, sino porque creo que el sacrificio que realizaran un grupo o un hombre, por definición selectos, metidos precipitadamente a la política electoral y sacrificados en ella, no sería el sacrificio por una idea, sino el sacrificio de la posibilidad misma de que la idea se realice en algún tiempo.[49]

Vemos en estas misivas algunos elementos fundamentales para entender las intenciones de Gómez Morin, las cuales comenzaron a fraguarse desde finales de los años veinte y culminaron con la fundación de Acción Nacional algunos años después. En primer lugar, el antiguo rector de la Universidad veía al PAN como un instrumento ciudadano, es decir, no conformado necesariamente por los que viven de la política, sino por las personas de a pie que tienen una profesión determinada, pero que quieren participar en la construcción del bien común. En segundo lugar, se aprecia la importancia que se le otorgaría en la nueva institución a la doctrina, la cual deberá ser homogénea y precisa; o sea, no sería el nuevo

---

[49] *Ibidem*, p. 453.

partido un espacio de oportunismo o pragmatismo, tampoco el vehículo electoral de un personaje determinado, sino que tendría un pensamiento filosófico y político muy claro. Aquí entra el tercer elemento: no son los caudillos, los Mesías, los que darían al país la paz y la prosperidad que todos esperan, sino una institución permanente y muy bien organizada; por eso, los fines de la institución no se limitarían exclusivamente a lo pasajero de un episodio electoral, sino que serían mucho más trascendentes y de largo aliento. En la asamblea constitutiva del Partido Acción Nacional, Efraín González Luna, responsable de la redacción de los *Principios de doctrina* del nuevo partido, fue explícito en este sentido:

> Yo creo, sinceramente, que existe una realidad o un estado psicológico que merecería tal vez el nombre de neurosis de la escaramuza, un estado psicológico en virtud del cual los actores del primer plano, las figuras más inmediatamente ofrecidas a la visión, son deformadas y abultadas en condiciones tales que el interés vital de la acción a fondo se abandona y se pierde por atender lo inmediato. Superemos esta posición. Tengamos la serenidad [...] para apartar el episodio del momento, efímero, circunstancial, para ver más hacia adentro, más hacia el frente y más hacia arriba.[50]

Por cierto, González Luna en el marco de un intenso debate sobre la participación del PAN en las elecciones presidenciales de 1940. Esto quiere decir que el partido nació deliberando, nació en el intercambio de ideas entre sus miembros, por lo que el debate permanente y constructivo, en un

---

[50] Discurso de Efraín González Luna en la Asamblea-Convención Constitutiva del Partido Acción Nacional, en Lujambio, Alonso y Fernando Rodríguez Doval (comps.), *1939. Documentos fundacionales del pan*, México, Partido Acción Nacional, 2009, p. 279.

clima de respeto y civilidad, ha sido también una de las señas de la identidad panista a lo largo de las décadas.

No es exagerado afirmar que el PAN es quizá el único partido en México que se creó desde la sociedad. No nació desde el Estado ni fue tampoco la escisión de uno ya existente; mucho menos fue el vehículo individualista de una personalidad carismática para conseguir un proyecto personal. Por eso podemos decir que Acción Nacional representa una alternativa ciudadana frente al corporativismo clientelar del régimen posrevolucionario y de muchos partidos, incluso algunos que se dicen de oposición, pero que están inspirados en el mismo modelo estatista.

Durante su larga trayectoria como partido opositor, Acción Nacional ha constituido una identidad nítida que permite al elector diferenciarlo claramente de su gran adversario político e ideológico: el Partido Revolucionario Institucional (PRI). Esta identidad es la de un partido ciudadano, democrático, civilista, doctrinario, que se asumía como referente de la ética y la honestidad en la vida pública. En este sentido, uno de sus grandes logros históricos fue la aprobación en 2002 de la primera Ley Federal de Transparencia y Acceso a la Información Pública, promovida por el gobierno de Vicente Fox, así como la promoción de diversas reformas legales y constitucionales para perfeccionarla.

Por todo esto, cuando el PAN se aleja en su comportamiento institucional o en las conductas personales de sus militantes, sobre todo los que son servidores públicos, de esa honestidad que ha pregonado a lo largo de toda la historia, el escándalo social es mayúsculo, ya que se interpreta atinadamente como una falta de congruencia, es decir, de correspondencia entre lo que se piensa, se dice y se hace.

Por supuesto, la identidad también está en función de la coherencia respecto a una doctrina. El PAN es quizá el único partido en México que tiene una identidad ideológica clara, con posiciones definidas respecto a los diversos temas públicos. Por supuesto que se podrá estar o no de acuerdo con ese pensamiento, pero queda claro que no supone un engaño al votante, a diferencia de lo que hacen otros. A propósito de esto, decía Carlos Castillo Peraza que el PRI no tenía ideólogos, sino meteorólogos, porque se colocaban ahí donde soplaba el viento.

Los retos actuales

En la actualidad, vemos que la mayoría de los ciudadanos en México no están satisfechos ni con la política ni con sus políticos. Y no solamente eso, sino que también están enojados. Un porcentaje importante desaprueba al actual gobierno, e incluso a la democracia en su conjunto. El regreso del PRI al gobierno federal ha sido fatídico: más pobreza, más inseguridad, menor crecimiento económico, más corrupción y más autoritarismo. No es casualidad que la gente esté verdaderamente enfadada. Pero, hay que decirlo, este fastidio no es un fenómeno exclusivo de México. El descontento y el malestar con la situación política mundial han propiciado el surgimiento de opciones populistas y antisistémicas que, situándose por encima de la legalidad y las instituciones, prometen resolver los problemas con soluciones fáciles y rápidas. Estas opciones recurren a la dialéctica del todo o nada y de las respuestas tajantes; tienen un enorme poder seductor, por lo que no es raro que hayan entusiasmado a millones de personas en todo el mundo, como ha sido el caso del *Brexit* en Gran Bretaña, Donald Trump en Estados Unidos, los extremismos xenófobos en el centro de Europa o los izquierdismos mesiánicos en América Latina. También en México estas opciones cuentan con un número considerable de seguidores. No es raro tampoco que, por desgracia, estas posibilidades, que llegaron al poder aprovechándose del legítimo desencanto de la población con la clase política, hayan traído después más problemas, destrucción y sufrimiento. El caso de Venezuela es muy ilustrativo. Ya en 1969 nos alertaba González Morfín –acaso uno de los pensadores humanistas más destacados del siglo xx– acerca de los riesgos del populismo:

> Con soluciones aparentes y programas que prometen edades de oro, pero que exigen la renuncia a la propia responsabilidad para transferirla a un salvador colectivo y anónimo –la revolución, el partido, el gobierno o *los demás*–, no es posible un cambio aceptable de estructuras. Sólo la solidaridad, traducida en actos de cooperación humana, puede realizar los cambios que harán fecunda la participación democrática en todos los aspectos de la vida social.[51]

Lo anterior nos lleva a afirmar que la democracia en todo el mundo, y también en México, requiere una regeneración total y profunda que evite la tentación seductora pero destructiva del populismo. En esa situación, el PAN tiene un papel fundamental en la vida política de México de cara al futuro. Le corresponde ser nuevamente ese factor de transformación, ese vehículo que sea capaz de encabezar los anhelos de cambio de los ciudadanos y canalizarlos hacia una situación política y económica que traiga consigo una mejor calidad de vida en todos los sentidos. Ahora, Acción Nacional es, como desde 1939, un partido imprescindible en la vida política nacional. Decía Federico Ling que él podría imaginar a un PAN sin gobierno, pero nunca a un México sin el PAN.

La crisis que vive nuestro país, y que podríamos extender a todo el mundo occidental, no es solamente una de diseño institucional ni tampoco estrictamente económica.

[51] Efraín González Morfín, *Cambio democrático….*, p. 37.

Es, sobre todo, una crisis ética. Ocasionada por la falta de principios y valores, por el relativismo y el nihilismo que eliminan asideros morales y filosóficos y, como asegura el político español Jaime Mayor Oreja, buscan socializar la nada, al no tener causas profundas por las cuales luchar. De ahí que la respuesta a esa crisis deba ser desde una identidad integral, plena de contenido. El humanismo es una respuesta.

Al momento de terminar de escribir estas líneas, una esperanza emerge en el horizonte. El Partido Acción Nacional, el Partido de la Revolución Democrática y el Movimiento Ciudadano han registrado ante la autoridad electoral el Frente Ciudadano por México, el cual se vislumbra como una alternativa política y electoral para las elecciones federales de 2018.

En cualquier democracia, las alianzas entre actores que piensan diferente son la regla y no la excepción. Ejemplos abundan. El caso chileno me gusta por su significado y complejidad. En 1988, de cara al plebiscito que decidiría la continuidad de Augusto Pinochet como presidente, una gran alianza multicolor se conformó para promover el voto negativo. Formaban parte de esa Concertación –así se llamó– partidos que lustros atrás se habían combatido con todas sus fuerzas, pero que coincidían en la necesidad de transitar hacia un régimen democrático y garante de las libertades y los derechos humanos. La Concertación no se limitó a lo electoral, sino que perduró durante varios gobiernos y convirtió a Chile en el país con mayor desarrollo económico de toda América Latina.

La realidad actual de México obliga a soluciones creativas, como aquélla que se intentó con éxito en Chile. En nuestro país hay un problema adicional que ya analizábamos: la ausencia de segunda vuelta, lo cual pueda ocasionar que un partido o candidato que conjunte un rechazo superior a 60% se convierta, sin embargo, en la primera minoría y gobierne durante seis años sin el aval mayoritario de la población.

El Frente Ciudadano por México no eliminará las diferencias ideológicas entre sus miembros, sino que las canalizará a la arena correspondiente, la legislativa: cada partido tendrá su propia bancada a través de la cual podrán impulsar agendas específicas que deberán conjuntar mayorías parlamentarias para convertirse en leyes. En los temas en los que haya consenso, como pueden ser los relacionados con libertades democráticas, cambio de régimen, respeto a los derechos humanos, lucha contra la corrupción y a favor de la transparencia, los partidos frentistas los impulsarán juntos en el Congreso.

Participar en este Frente Ciudadano por México de ninguna manera atenta contra la identidad ideológica de Acción Nacional. Por el contrario, supone la aplicación de uno de sus pilares doctrinales: el bien común, el cual busca anteponer los intereses nacionales a los del propio partido o cualquiera de sus integrantes. Ante la situación dramática que vive el país, es posible unir fuerzas con otros partidos a partir de un programa común.

Fuentes de consulta

"Plataforma electoral del PAN", *La Nación*, núm. 90, 3 de julio de 1943, p. 32.

Abascal Carranza, Carlos, "Palabras en la clausura de la Escuela de Liderazgo y Formación Política (ESLIDER)", *Versión Estenográfica*, México, Fundación Rafael Preciado Hernández, 2008, p. 7.

Adame Goddard, Jorge, "La libertad religiosa y su protección jurídica en el ámbito internacional", en Jorge E. Traslosheros (coord.), *Libertad religiosa y Estado laico. Voces, fundamentos y realidades*, Porrúa, México, 2012, pp. 47-64.

Álvarez Perea, Javier, *El colorante laicista*, Madrid, Rialp, 2012.

Banco de México, *Inflación* [en línea], disponible en: <http://www.banxico.org.mx/portal-inflacion/index.html>.

Casar, María Amparo, *Anatomía de la Corrupción* [en línea], Centro de Investigación y Docencia Económicas A.C./Instituto Mexicano para la Competitividad A.C., disponible en: <http://imco.org.mx/wp-content/uploads/2015/05/2015_Libro_completo_Anatomia_corrupcion.pdf>.

_____, "Los mexicanos contra los impuestos", *Nexos*, 1 de noviembre de 2013, pp. 13-17.

Castillo Peraza, Carlos, "Doctrina, ideología, comunicación", *Doctrina e ideología. Partido Acción Nacional*, México, Fundación Rafael Preciado Hernández, 2010, pp. 37-54.

_____, "Gómez Morin: Cien años y seis lecciones", [en línea], *Nexos*, enero de 1997, disponible en: <http:// nexos.com.mx/?p=8153>.

_____, "El globo en busca de mundo", *Nexos*, enero de 1998, pp. 18-26.

_____, "Ser con ustedes", en Luis H. Álvarez y Carlos Castillo Peraza (coords.), *La victoria cultural, 1987-1996*, México, epessa, 2002, p. 235.

Consejo Nacional para la Evaluación de la Política de Desarrollo Social, *Evolución de las dimensiones de la pobreza, 1990-2014* [en línea], disponible en: <http://www.coneval.org. mx/Medicion/EDP/Paginas/Evolucion-de-las-dimensiones-de-la-pobreza-1990-2014-.aspx>.

De la Isla, Carlos, *Bien común y propiedad* [lectura para alumnos de la clase Ética, sociedad y empresa], Instituto Tecnológico Autónomo de México, 2002.

Declaración Universal de Derechos Humanos [en línea], disponible en: <http://www.ohchr.org/EN/UDHR/Documents/UDHR_Translations/spn.pdf>.

Gómez Morin, Manuel, *Ideas Fuerza*, México, epessa, 2002.

González Morfín, Efraín, *Cambio democrático de estructuras*, México, Fundación Rafael Preciado Hernández, 2012.

Guerra López, Rodrigo, *Como un gran movimiento*, México, Fundación Rafael Preciado Hernández, 2012.

Herrero, Montserrat, "Qué puede significar bien común en la sociedad pluralista contemporánea", *Empresa y Humanismo*, vol. 9, núm. 1, 2006, pp. 127-140.

Hernández Rodríguez, Rogelio, *El centro dividido: la nueva autonomía de los gobernadores*, México, El Colegio de México, 2008.

Instituto Nacional de Estadística y Geografía, *Medición de la Economía Informal* [en línea], disponible en: <http://www. inegi.org.mx/est/contenidos/proyectos/cn/informal/>.

Kolakowski, Leszek, *La modernidad siempre a prueba*, México, Vuelta, 1990.

Le Clercq Ortega, Juan Antonio y Gerardo Rodríguez Sánchez Lara (coords.), *Índice Global de Impunidad, IGI-MEX 2016*, Universidad de las Américas Puebla, 2016, disponible en: <https://www.udlap.mx/igimex/assets/files/igimex 2016_ESP.pdf>.

Ling Altamirano, Federico, *A trasluz. Apuntes para una biografía de Carlos Castillo Peraza*, México, Senado de la República, 2004.

Lujambio, Alonso, *¿Democratización vía federalismo? El Partido Acción Nacional, 1939-2000: La historia de una estrategia difícil*, México, Fundación Rafael Preciado Hernández, 2006.

_____ y Fernando Rodríguez Doval (comps.), *1939. Documentos fundacionales del PAN*, México, Partido Acción Nacional, 2009.

Maclure, Jocelyn y Charles Taylor, *Laicidad y libertad de conciencia*, Madrid, Alianza Editorial, 2011.

Molina, Ignacio, *Conceptos fundamentales de ciencia política*, Madrid, Alianza Editorial, 2001.

Oakeshott, Michael, *La actitud conservadora*, Madrid, Ediciones Sequitur, 2009.

Organización de las Naciones Unidas, *Declaración Universal de los Derechos Humanos* [en línea], disponible en: <http://www.un.org/es/universal-declaration-human-rights/>.

Partido Acción Nacional, *Principios de doctrina del Partido Acción Nacional* [en línea], disponible en: <https://www.pan.org.mx/wp-content/uploads/2013/04/Principios-de-doctrina-1939.pdf>.

_____, *Proyección de Principios de doctrina del Partido Acción Nacional, 2002* [en línea], disponible en: <https://www.pan.org.mx/wp-content/uploads/2013/04/Principios-de-doctrina-2002.pdf>.

Pera, Marcello, *Por qué debemos considerarnos cristianos. Un alegato liberal*, Madrid, Encuentro, 2008.

Pliego Carrasco, Fernando, *Familias y bienestar en sociedades democráticas. El debate cultural del siglo XXI*, México, Miguel Ángel Porrúa, 2012.

Popper, Karl, *La opinión pública y los principios liberales* [en línea], Asociación de jóvenes para el desarrollo, disponible en: <http://asojodcr.blogspot.mx/2008/12/opinion-pbl cia.html>.

San Miguel Pérez, Enrique, "Correr el riesgo del amor: personalismo frente a individualismo", en Maldonado Roldán, Jorge (ed.), *Desafíos de la vigencia del humanismo cristiano*, Konrad Adenauer Stiftung, Uruguay, 2013, pp. 93-102.

Sen, Amartya, *Desarrollo y libertad*, Barcelona, Planeta, 2000.

Scola, Ángelo, *Una nueva laicidad. Temas para una sociedad plural*, Madrid, Encuentro, 2007.

Scully, Timothy y Scott Mainwaring, *Building Democratic Institutions: Party Systems in Latin American*, California, Standford University Press, 1995.

Shah, Timothy, *Libertad religiosa. Una urgencia global*, Madrid, Rialp, 2013.

Transparency International, *Corruption perception Index 2016* [en línea], disponible en: <https://www.transparency.org/news/feature/corruption_perceptions_index_2016#ta ble>.

Ugalde, Luis Carlos, "Por una democracia liberal", en Aguilar Rivera, José Antonio (coord.), *La fronda liberal. La reinvención del liberalismo en México (1990-2014)*, México, CIDE/Taurus, 2014, p. 261.

World Justice Project, *Índice del Estado de derecho 2016*, disponible en: <http://imco.org.mx/politica_buen_gobierno/indice-del-estado-de-derecho-2016-via-world-justice-project/>.

Lecturas complementarias

Aguilar Camín, Héctor y Jorge G. Castañeda, *Un futuro para México*, México, Punto de lectura, 2009.

Aguilar Rivera, José Antonio (coord.), *La fronda liberal. La reinvención del liberalismo en México (1990-2014)*, México, CIDE/Taurus, 2014.

Bravo Mena, Luis Felipe, *Acción Nacional, ayer y hoy. Una esencia en busca de futuro*, México, Grijalbo, 2014.

Carpizo, Jorge, *El presidencialismo mexicano*, México, Siglo XXI, 1978.

Duverger, Maurice, *Los partidos políticos*, México, Fondo de Cultura Económica, 2000.

Elizondo Mayer-Serra, Carlos, *Con dinero y sin dinero. Nuestro ineficaz, precario e injusto equilibrio fiscal*, México, Debate, 2012.

González Luna, Efraín, *Humanismo político*, México, Fondo de Cultura Económica, 2010.

McCadden, Carlos J. y Miguel del Castillo Negrete, *La clase media en México*, México, Senado de la República, 2015.

Ratzinger, Joseph, *Verdad, valores, poder. Piedras de toque de la sociedad pluralista*, Madrid, Rialp, 1998.

Resico, Marcelo, *Introducción a la economía social de mercado*, Buenos Aires, Fundación Konrad Adenauer, 2011.

Rhonheimer, Martin, *Cristianismo y laicidad. Historia y actualidad de una relación compleja*, Madrid, Rialp, 2009.

Villapalos Gustavo y Enrique San Miguel, *El Evangelio de los audaces*, Madrid, Libros Libres, 2004.

Weaver, Richard M., *Las ideas tienen consecuencias*, Madrid, El buey mudo, 2011.

Wotjtyla, Karol, *Persona y acción*, Madrid, Ediciones Palabra, 2011.

Sobre el autor

Fernando Rodríguez Doval es licenciado en ciencia política por el Instituto Tecnológico Autónomo de México (ITAM), maestro en gobierno y políticas públicas por la Universidad Panamericana, y maestro en democracia y parlamento por la Universidad de Salamanca.

Milita en el Partido Acción Nacional desde 1997, en donde ha desempeñado cargos a nivel delegacional, regional y nacional, así como en la organización juvenil. Fue el encargado de coordinar el proceso de elaboración de la Plataforma política 2006 del PAN y presidió la Comisión de Doctrina.

Es autor, junto con Alonso Lujambio, del libro *1939. Documentos Fundacionales del Partido Acción Nacional* y ha publicado artículos y ensayos en diversas revistas, así como capítulos en libros relacionados con temas electorales, de transparencia, y derechos humanos.

Fue diputado en la Asamblea Legislativa del Distrito Federal y diputado federal. Actualmente es el Secretario de Comunicación del Comité Ejecutivo Nacional de Acción Nacional, así como el director general de la Fundación Rafael Preciado Hernández.

Ha sido profesor de teoría política en la Universidad Panamericana y, actualmente, de historia sociopolítica de México en el ITAM.

EL
PAN
Y SU IDENTIDAD
POLÍTICA

terminó de imprimirse en 2017
en los talleres de Edamsa Impresiones, S.A. de C.V.,
Avenida Hidalgo 111, colonia Fraccionamiento
San Nicolás Tolentino, delegación Iztapalapa,
09850, Ciudad de México.